कुछ बूँदें अश्क की

कुछ बूँदें अश्क की

शाश्वतेन्द्र सिंह 'अश्क'

ZORBA BOOKS

ZORBA BOOKS

Published by Zorba Books, April 2024
Website: www.zorbabooks.com
Email: info@zorbabooks.com

Title: **Kuch Boondein Ashq Ki**

Author Name: Shashwatendra Singh 'Ashq'

Copyright © Shashwatendra Singh 'Ashq'

Printbook ISBN :- 978-93-5896-911-5

Ebook ISBN :- 978-93-5896-400-4

The publisher under the guidance and direction of the author has published the contents in this book, and the publisher takes no responsibility for the contents, its accuracy, completeness, any inconsistencies, or the statements made. The contents of the book do not reflect the opinion of the publisher or the editor. The publisher and editor shall not be liable for any errors, omissions, or the reliability of the contents of the book.

Any perceived slight against any person/s, place or organization is purely unintentional.

Zorba Books Pvt. Ltd. (opc)
Sushant Arcade,
Next to Courtyard Marriot,
Sushant Lok 1, Gurgaon – 122009, India

DEDICATED TO
MY PARENTS

सूची

ग़ज़ल 1

अशआर — **99**

INTRODUCTION

Shayari to me is about giving words to the words unsaid. It's about feeling what we feel. It's an attempt to express emotions and thoughts in brief for which even the sheets of pages may not suffice sometimes.

I was exposed to the world of ghazals in an early stage of my life by my father who used to recite ghazals and sometimes write shers and ghazals as well. He showed me some of his poems that got printed in the annual magazine of Lucknow University.

In class 6th, I remember writing a couple of lines when my maternal grandmother passed away. Though the writing was childish, Amma loved it. That was a brief, yet important rub as it stayed with me and pushed me to try writing.

Though Shayari is pervasive in the air of Lucknow, a significant influence was made when we purchased an audio system, and I was introduced to the ghazals of Jagjit Singh. That was the beginning of my inclination to the world of Ghazals and Shayari.

I started making attempts in the year 2002 and wrote them down in my diary expressing my feelings. Some of those shares are also part of this collection.

Like many individuals, I had my share of ups and downs in life, but more importantly, it is the uncanny flair of feeling the emotions of others that influenced my writings. I made some attempts to express my observations, thoughts, and feelings in the form of Shayari. These attempts are presented in the form of a book- *Kuch Boondein Ashq Ki.*

Kudos for this goes to my parents, while my father exposed me to the world of Shayari and appreciated the perspectives manifested in my writing, Amma on the other hand encouraged me to write and be always there to listen to any new Sher I had written.

Besides my parents, there are many people who support me in this endeavor and I'm thankful to all of them. Especially, Asif Bhai who was there to listen to my Shers and sometimes helped with some Urdu words.

Secondly, Dhrubojyoti Kar, who himself writes fantastic blogs and poetry in English, listened to and appreciated my writings on different occasions.

One of my closest friends, Shrikant, for being available as an audience and the bouts of encouragement to continue to pen my thoughts.

And, how can I forget to be grateful to all the writers who contributed to Urdu poetry whom I have been reading and cherish the immortal writings.

परिचय

मेरे लिए शायरी अनकहे शब्दों को शब्द देने के बारे में है। यह उस चीज़ को महसूस करने के बारे में है जो हम महसूस करते हैं। यह भावनाओं और विचारों को संक्षेप में व्यक्त करने का एक प्रयास है जिसके लिए कभी-कभी पन्ने भी पर्याप्त नहीं होते।

जीवन के शुरुआती दौर में ही मुझे ग़ज़ल की दुनिया से मेरे पिता ने अवगत कराया था, जो ग़ज़ल सुनाते थे और कभी-कभी शेर और ग़ज़ल भी लिखते थे। उन्होंने मुझे अपनी कुछ कविताएँ दिखाईं जो लखनऊ विश्वविद्यालय की वार्षिक पत्रिका में छपी थीं।

मुझे याद है कि कक्षा 6 में जब मेरी नानी का निधन हो गया था तो मैंने कुछ पंक्तियाँ लिखी थीं। हालाँकि लिखावट बचकानी थी, अम्मा को बहुत पसंद थी। वह एक संक्षिप्त, फिर भी महत्वपूर्ण रगड़ थी क्योंकि यह मेरे साथ रही और मुझे लिखने का प्रयास करने के लिए प्रेरित किया।

हालाँकि शायरी लखनऊ की हवा में व्याप्त है, लेकिन एक महत्वपूर्ण प्रभाव तब पड़ा जब हमने एक ऑडियो सिस्टम खरीदा, और मुझे जगजीत सिंह की ग़ज़लों से परिचित कराया गया। वह ग़ज़ल और शायरी की दुनिया में मेरे रुझान की शुरुआत थी।

मैंने वर्ष 2002 में प्रयास करना शुरू किया और अपनी भावनाओं को व्यक्त करते हुए उन्हें अपनी डायरी में लिखा। उनमें से कुछ शेर भी इस संग्रह का हिस्सा हैं।

कई व्यक्तियों की तरह, मेरे जीवन में भी उतार-चढ़ाव आए, लेकिन इससे भी महत्वपूर्ण बात यह है कि यह दूसरों की भावनाओं को महसूस

करने की प्रवृत्ति है जिसने मेरे लेखन को प्रभावित किया। मैंने शायरी के रूप में अपनी टिप्पणियों, विचारों और भावनाओं को व्यक्त करने के कुछ प्रयास किए। इन कोशिशों को एक किताब के रूप में प्रस्तुत किया गया है- कुछ बूंदें अश्क की

इसके लिए मेरे माता-पिता को धन्यवाद, जहां एक तरफ मेरे पिता ने मुझे शायरी की दुनिया से परिचित कराया और मेरे लेखन में प्रकट दृष्टिकोण की सराहना की, दूसरी ओर अम्मा ने मुझे लिखने और मेरे द्वारा लिखे गए किसी भी नए शेर को सुनने के लिए हमेशा तैयार रहने की प्रवृत्ति ने प्रोत्साहित किया।

मेरे माता-पिता के अलावा, कई लोग हैं जो इस प्रयास में मेरा समर्थन करते हैं और मैं उन सभी का आभारी हूं।

खासकर, आसिफ भाई जो मेरे शेर सुनने के लिए मौजूद रहे और कभी-कभी कुछ उर्दू शब्दों के साथ मदद भी करते थे।

दूसरे, धुबोज्योति कर, जो स्वयं अंग्रेजी में शानदार ब्लॉग और कविता लिखते हैं, ने भी विभिन्न अवसरों पर मेरे लेखन को सुना और सराहा।

मेरे सबसे करीबी दोस्तों में से एक, श्रीकांत, एक श्रोता के रूप में उपलब्ध रहने और मेरे विचारों को लिखने के लिए प्रोत्साहित करने के लिए।

मैं उन सभी लेखकों का आभारी होना कैसे भूल सकता हूं जिन्होंने उर्दू कविता में योगदान दिया, जिन्हें मैं पढ़ता रहा हूं और उनकी अमर रचनाओं को संजोता हूं।

ABOUT THE BOOK

The book has two parts, while one part contains Ghazals, the other contains individual Shers.

Initially, I wrote all the shers in Devanagari script, however, I realized people do enjoy and listen to Shers and Ghazals, but reading is limited since Urdu and Devnagari script has limited reach due to unfamiliarity of the script. Hence, I decided to recreate my writings in Roman script.

Further, as poems contain multiple layers of meaning and contexts, readers discover different perspectives as they go on this journey. For this reason, I've tried to provide surface level explanation of the shers and left other layers to be unraveled by the reader themselves.

While providing an explanation in English, at places I've left my pen name 'Ashq'-means Tears- as it is, and in some places used 'tears' if it adds to complete the feel of the prose.

I also want to highlight I did not have any formal training in Urdu and writing Shers and, it's been years since I've written anything substantial in Hindi. Therefore, I would like to ask your compassion for any errors in my writing.

There is no specific sequence is needed to read the book,

you can enjoy reading the book by turning any page and immerse yourself in the oceans of feelings and thoughts.

zehan mein nahi ise dil mein utarne deejiye
alfaaz-e-ashq hai ye, ise rooh choone deejiye

किताब के बारे में

किताब के दो हिस्से हैं, एक हिस्से में ग़ज़लें हैं तो दूसरे हिस्से में अलग-अलग शेर हैं।

प्रारंभ में, मैंने सभी शेर देवनागरी लिपि में लिखे, हालाँकि, मुझे एहसास हुआ कि लोग शेरों और ग़ज़लों का आनंद लेते हैं और सुनते हैं, लेकिन इन्हे पढ़ना सीमित है क्योंकि लिपि की अपरिचितता के कारण उर्दू और देवनागरी लिपि की पहुंच सीमित है। इसलिए, मैंने अपनी रचनाओं को रोमन लिपि में दोबारा लिखने का फैसला किया।

इसके अलावा, चूंकि कविताओं में अर्थ और संदर्भों की कई परतें होती हैं, और पाठक इस यात्रा पर आगे बढ़ने पर विभिन्न दृष्टिकोणों की खोज करते हैं। इसलिए, मैंने शेरों की सतही व्याख्या प्रदान करने का प्रयास किया है और अन्य परतों को पाठक द्वारा स्वयं खोलने के लिए छोड़ दिया है।

अंग्रेजी में स्पष्टीकरण प्रदान करते समय, कुछ स्थानों पर मैंने अपना उपनाम 'अश्क' - जिसका अर्थ है आँसू - वैसा ही छोड़ दिया है, और कुछ स्थानों पर **'Tears'** शब्द का उपयोग किया है यदि यह गद्य की भावना को पूरा करने के लिए उपयोगी साबित होता है।

मैं यह भी उजागर करना चाहता हूं कि मैंने उर्दू और शेर लिखने का कोई औपचारिक प्रशिक्षण नहीं लिया है और कई साल हो गए हैं जब से मैंने हिंदी में कुछ भी महत्वपूर्ण लिखा है। इसलिए, मैं अपने लेखन में किसी भी त्रुटि के लिए आपसे क्षमा माँगना चाहूँगा।

किताब को पढ़ने के लिए किसी खास क्रम की जरूरत नहीं है, आप कोई भी पन्ना पलट कर किताब पढ़ने का आनंद ले सकते हैं और खुद को भावनाओं और विचारों के सागर में डुबो सकते हैं।

ज़हन में नहीं, इसे दिल में उतरने दीजिये
अल्फ़ाज़-ए-'अश्क' है ये, इसे रूह छूने दीजिये

ग़ज़ल

khidaki se dekh haal-e-mausam mausam bataaya nahi jaata
niklo bahar to baarish se khud ko bachaaya nahi jaata

you don't tell the temperament of the weather by looking
out from the window, if you decided to go out
then you don't shy from getting wet

dil-o-zehan ke darbon me simte hue ho tum
udna ho falak pe to, pinjron ko makaan banaaya nahi jaata

you are contracted by the cages of your thoughts
when you want to fly in sky, you don't make prison your home

tum charaag ho toh chiraag sahi, mere yaar, lekin
kitni bhi ho chamak, aaftaab ko dikhaaya nahi jaata

you are indeed a lamp my friend, but no matter
how shining the ray is, you don't hold it to the sun

hai anaa mere andaaz mein toh anaa hi sahi
duniya-e-dastoor pe, khuddari ko gavaanya nahi jaata

I accept that I have an attitude in my style, however, in the world
full of pretense, I don't lose the self-esteem spawning the attitude

kitni bhi oonchi ho mauje samundar ki magar
kabhi ashq ko kisi sailaab se daraaya nahi jaata

no matter how big the waves are in an ocean
you don't threaten a tear with flood

खिड़की से देख हाल ए मौसम बताया नहीं जाता
निकलो बाहर तो बारिश से ख़ुद को बचाया नहीं जाता

दिल-ओ-ज़ेहन के दरबों में सिमटे हुए हो तुम
उड़ना हो फलक पे तो पिंजरों को मकां बनाया नहीं जाता

तुम चराग़ हो तो चराग़ सही मेरे यार, लेकिन
कितनी भी हो चमक, आफताब को दिखाया नहीं जाता

है अना मेरे अंदाज में तो आना ही सही
दुनिया-ए-दस्तूर पे खुद्दारी को गंवाया नहीं जाता

कितनी भी ऊंची हो मौजे समुंदर की मगर
कभी 'अश्क' को किसी सैलाब से डराया नहीं जाता

दिल-ओ-ज़ेहन	heart and brain	दिल और दिमाग
दरबों	aviary to keep pigeons	कबूतरों को रखने के लिये काठ से बनाया जाने वाला पिंजरा
आफताब	Sun	सूरज
अना	self, ego	अभिमान, गर्व

**kisi ke kehne pe kyon rote ho
dil ko mom saa kyon rakhte ho**

why do you cry when somebody says anything
why do you keep your heart so fragile like a wax

**manaa ki khalish hai zamaane mein
tum haath mein sang kyon rakhte ho**

i agree that there is agony in the world
but why do you keep a stone in your hand

**usne kaha aur tumne maan li baat
tum kaise itni saadgi rakhte ho**

she said something and you agree to that
how do you keep such simple outlook

**kitne hi dard piye hain tumne 'ashq'
phir chehre pe kaise tabbasum rakhte ho**

you have gulped so much grief
how do you still manage to keep a smile on your face

किसी के कहने पे क्यों रोते हो
दिल को मोम सा क्यों रखते हो

माना की ख़लिश है ज़माने में
तुम हाथ में संग क्यों रखते हो

उसने कहा और तुमने मान ली बात
तुम कैसे इतनी सादगी रखते हो

कितने ही दर्द पिए हैं तुमने अश्क
फिर चेहरे पे कैसे तब्बसुम रखते हो

ख़लिश	pricking, pain	चुभने का भाव, दर्द की टीस
तब्बसुम	Smile	मुस्कान

aap si kaabliyat, sab mein nahi hoti
udne ki bhookh mein, girne ki had nahi hoti

not everyone is capable like you
in the hunger to fly, there is no limit to falling

jo bil jaaye kisi ko apna khuda toh
kitni bhi ho bandagi, uski koi had nahi hoti

when somebody finds his love/God
then there is no limit to the devotion

dekha hai unko maasoomiyat se gale milte
bachchon ki duniya mein koi sarhad nahi hoti

have you seen kids hugging each other with innocence
there are no borders in the world of children

jo uljhi ho usoolon ki taaron mein
aisi mohabbat, kabhi behad nahi hoti

Love which is entangled by the wires of doctrines
that kind of love can never be limitless

jo ruka tha saahil pe, sadiyon se 'ashq'
us behte dariya ki, koi had nahi hoti

which was on hold at shore from an era
once released, the stream knows no limits

आप सी काबलियत, सब में नहीं होती
उड़ने की भूख में, गिरने की हद नहीं होती

जो मिल जाए किसी को अपना खुदा तो
कितनी भी हो बंदगी, उसकी कोई हद नहीं होती

देखा है उनको मासूमियत से गले मिलते
बच्चों की दुनिया में, कोई सरहद नहीं होती

जो उलझी हो उसूलों की तारों में
ऐसी मोहब्बत, कभी बेहद नहीं होती

जो रुका था साहिल पे सदियों से 'अश्क'
उस बहते दरिया की कोई हद नहीं होती

ab kya bura mane teri baton ka hum
kum-aklon mein nazaakat kahon hoti hai

I don't feel offended by your comments
since when ignorant have any finesse anyway

abhi toh ladakpan ke din hain tumhaare
naadaanon mein raseedagi kahan hoti hai

now are the days of your childhood
adolescence doesn't have maturity

rakhi hain yaadein teri sirhaane, guftagoon ko
ab raatein tanha guzar kahan hoti hain

I've kept your memories next to me for pillow talk
now, nights are not spent alone

chhodo, rehne do, ab baatein banana tum
jhooton se sachchaayi bayaan kahan hoti hai

leave it, forget making up things
since when liars have started explaining truth

who kehte hain ehtaram nahi hame kaabe ka
ab rindon se yaari-e-waaiz kahan hoti hai

they say I don't have any honor for shrine
but skeptics/drunkard and priests don't gel anyway

dastaan kaee janmon ki hai wasle yaar ki
'ashq' ki kuch boondon se ye bayaan kahan hoti hai

this saga of separation with my beloved is spread across lives
how can it be expressed with few drops of tears

अब क्या बुरा माने तेरी बातों का हम
कम अक्लों में नज़ाकत कहाँ होती है

अभी तो लड़कपन के दिन हैं तुम्हारे
नादानो में रसीदगी कहाँ होती है

रखी हैं यादें तेरी सिरहाने, गुप्तगू को
अब रातें तन्हा गुज़र कहाँ होती है

छोड़ो, रहने दो, अब बातें बनाना तुम
झूठों से सच्चाई बयां कहाँ होती है

वो कहते है एहतिराम नहीं है हमे काबे का
अब रिंदो से यारी ए वाइज कहाँ होती है

दास्ताँ कई जन्मों की है ये वसले यार की
अश्क की कुछ बूंदों से ये बयां कहाँ होती है

नज़ाकत	delicacy, elegance,	कोमलता, सुकुमारता
रसीदगी	ripeness, maturity	परिपक्वता
एहतिराम	respect, paying attention	सम्मान, सादर-सतकार
रिंदो	drunkard, the one who does not follow the religious conditions	शराबी, धार्मिक परंपराओं को न मानने वाला, नसीहत देनेवाला,
वाइज	preacher	उपदेश देनेवाला
वसले यार	meeting with beloved	प्रेमिका से मिलन

ek haseen dhoka hai mere yaar zindagi
ghatati saanson ka uthtaa bulbulaa hai zindagi

my friend, this life is a beautiful illusion
like an inflating bubble with sinking breaths

samet lo har lamha apni zeest ka tum
haath se sarakti ret ka silsila hai zindagi

store every moment of your life
this life is like a series of slipping sand grains

beet gayi so baat gayi, kal ka hamko ilm nahi
baant di kal-kal mein, phir bhi aaj ki zindagi

Past is past and we don't know what's is in the future
even knowing that we have split today's life in past and future

एक हसीन धोखा है मेरे यार जिंदगी
घटती सांसों का उठता बुलबुला हैं जिंदगी

समेट लो हर लम्हा अपनी ज़ीस्त का तुम
हाथ से सरकती रेत का सिलसिला है जिंदगी

बीत गई सो बात गई, कल का हमको इल्म नहीं
बांट दी कल-कल में फिर भी, आज की जिंदगी

ज़ीस्त   Life   जिंदगी

tumne aankhon se jo dekhi, naa dekhi jaayegi
gul se lipti hai khushboo, naa dekhi jaayegi

trying seeing from your eyes, you will not be able to see
how fragrance is wrapped around flower, you will not be able to see

rahi saath saath uske jo har raat wo
lehraati chaandni chaand ki, naa dekhi jaayegi

how she accompanied every night
the wavy moonlight of moon, you will not be able to see

sehlaati rahi tere gaalon ko jo sard raaton mein
meri saanson ki garmi, naa dekhi jaayegi

kept caressing your cheeks during winter
the warmth of my breath you will not be able to see

karti rahi jo hifaazazt faanoos ban ke teri
sadaayein meri duaaon ki, naa dekhi jaayegi

you will not be able to see the voice of my blessings
that kept you safe like a glass-cover shields a flame

तुमने आँखों से जो देखी, ना देखी जाएगी
गुल से लिपटी खुशबू ना देखी जाएगी

रही साथ साथ उसके जो हर रात वो
लहराती चांदनी चांद की, ना देखी जाएगी

सहलाती रही तेरे गालों को जो सर्द रातों में
मेरी सांसों की गर्मी, ना देखी जाएगी

करती रही जो हिफ़ाज़त फानूस बन के तेरी
सदाये मेरी दुआओं की ना देखी जाएंगी

| फानूस | glass cover of the lamp | चिमनी का शीशे का ढक्कन |
| सदाये | voices, sound, echo | आवाज़, ध्वनि, गूंज |

sun lete hain hum teru aawaaz-e-khaamoshi
dil ki khalish season se bayaan ho jaati hai

i listen to your voice of silence
pricking pain of your heart is expressed through your breath

kabhi bhookh se bilakhte bachche se aankh na mila
teri jhooti khokli insaaniyat bayaan ho jaati hai

don't ever look into the eyes of a starved crying child
your false-hearted hollow humanity becomes evident

zara chupa ke rakh mere naam-o-nazar ki chamak ko
isme tere dil ki gehraai, bayaan ho jaati hai

hide the sparkling shine surfaced due my name and sight
it reveals the depths of your heart

rukhsaar pe behte 'ashq' ko bas aab na samajh
isme jalte zakhmon ki daastaan bayaan ho jaati hai

don't consider the tears, strolling down from your cheeks just
water droplets, they convey the saga of burning wounds

सुन लेते हैं हम तेरी आवाज़ ए खामोशी
दिल की खालिश सांसों से बयाँ हो जाती है

कभी भूख से बिलखते बच्चे से आँख ना मिला
तेरी झूठी खोकली इंसानियत बयाँ हो जाती है

ज़रा छुपा के रख मेरे नाम-ओ-नज़र की चमक को
इसमें तेरे दिल की गहराई बयाँ हो जाती है

रुख़्सार पे बहते 'अश्क' को बस आब न समझ
इसमें जलते जख्मों की दास्तान बयाँ हो जाती है

रुखसार   cheeks   गाल

saanse to di usne aur zindagi jheen lee
yuon kiya maano jism diya aur rooh chheen lee

He gave breath and took life
as if, gave body and took soul

ehsaas to tha mujhe mere zinda hone ka
jaise phool ho shaakh pe, aur khushboo chheen lee

have the feeling of being alive
just like a flower whose fragrance was taken

bhatak raha hoon zeest mein ki galiyon mein tere deedar ko
aankhen to de di tune, aur chamak chheen li

wandering in lanes of life to witness You
You have given the eyes, but the sight was taken

ukta gaya hoon zindagi se 'ashq' is tarah
jaise chal rahaa hoon raah pe aur manzil chheen lee

got bored of life 'ashq', as if
I'm walking on a street with no destination

साँसे तो दी उसने और ज़िंदगी छीन ली
यूँ किया मानो जिस्म दिया और रुह छीन ली

एहसास तो था मुझे मेरे जिंदा होने का
जैसे फूल हो शाख़ पे, और खुशबू छीन ली

भटक रहा हूँ ज़ीस्त की गलियों में तेरे दीदार को
आँखे तो दे दी तूने और चमक छीन ली

उकता गया हूँ ज़िंदगी से 'अश्क' इस तरह
जैसे चल रहा हूँ राह पे और मंजिल छीन ली

aanye hain samjhaane, charche naasamajhi ke jinke aam hain
khud ko samajhate the khaas, ye khaas hi aaj aam hain

they have come to make me understand, whose talks of
ignorance are common these days they considered themselves
special, these special people are now common these days

ferate rahe muh zimmedaariyon se kadam-dar-kadam
unke halkon mein tareeka ye agwaai ka aaj aam hai

turn your head away when faced responsibilities at every occasion
this method of leading, in their circles, is common these days

mud ke dekha bhi naa unhone ki hua kya asar
kadamon tale rounde jaane ke kisse aaj aam hain

they didn't turn around to see the impact
incidents of crushing under feet are common these days

bhaga rakha hai har kisi ko ek daud mein bazaar ne
aam ko khaas banaane ka dhanda aaj aam hai

everyone is made to run in a race by the market
business of turning common into special is common these days

bolte the sach bebaak aur jhoot ko chhupa jaate the
dafn kar sach ko jhoot ka tamasha aaj aam hai

we used to tell truth boldly and hide lies
now burying truth and making a grandeur of lies
are common these days

आएँ हैं समझाने, चर्चे नासमझी के जिनके आम हैं
खुद को समझते थे ख़ास, ये ख़ास ही आज आम है

फेरते रहे मुंह जिम्मेदारियों से कदम दर कदम
उनके हलकों में तरीका ये अगवाई का आज आम है

मुड़ के देखा भी ना उन्होंने कि हुआ क्या असर
कदमों तले रौंदे जाने के किस्से आज आम है

भगा रखा है हर किसी को एक दौड़ में बाज़ार ने
आम को ख़ास बनाने का धंधा आज आम है

बोलते थे सच बेबाक और झूठ को छुपा जाते थे
दफन कर सच को झूठ का तमाशा आज आम है

अगवाई   leading, leader   आगे चलने वाला व्यक्ति

judte the log to takht palat diya karte the
bheed main mil kar qatl ke nazaare aaj aam hai

people used to unite to topple the thrones, now sights of
murders by people joining crowd are common these days

tabaah kar di shaadab inaayete jo milin hame lekin
ashraf-ul-maqhlukaat hone ka daava aaj aam hai

ruined the blooming blessings given to us
but claim of being noblest of all species is common these days

jhuk jaate the kisi gire ko uthaane ke liye
kisi ko gira ke khud ko uthaana aaj aam hai

we used to bend down to lift up the fallen
now raising oneself by reducing others is common these days

ek daur tha kaat ke darron ko raasta bana diya karte
rehguzar ho kar bhi chalan bhatakne kaa aaj aam hai

there was time we use to cut canyons to make path
even after having the path trend of going
astray is common these days

girte usoolon aur uthati imaaraton ke faasle ko dekh
khushk aakhon se aksar girna ashq ka aaj aam hai

seeing the gap between falling principles and rising buildings
falling of tears frequently from dry eyes is common today

जुड़ते थे लोग तो तख़्त पलट दिया करते थे
भीड़ में मिल कर क़त्ल के नज़ारे आज आम हैं

तबाह कर दी शादाब इनायतें जो मिलीं हमें लेकिन
अशरफ़-उल-मख़्लूक़ात होने का दावा आज आम है

ख़ुद झुक जाते थे किसी गिरे को उठाने के लिए
किसी को गिरा के ख़ुद को उठाना आज आम है

एक दौर था काट के दर्रों को रास्ता बना दिया करते
रहगुज़र हो कर भी चलन भटकने का आज आम है

गिरते उसूलों और उठती इमारतों के फासले को देख
ख़ुश्क आँखों से अक्सर गिरना अश्क़ का आज आम है

शादाब	blooming green	हरा-भरा
अशरफ़-उल- मख़्लूक़ात	the noblest of all creatures	सभी प्राणियों में सर्वश्रेष्ठ और उच्चतम

jo ṭooṭi hai shaakh, to ek aah to goonjee hogi
wo aur baat hai, tumne na suni hogi

a branch is broken, a sigh must have echoed
that's another matter, it might not have touched you

milee hain boonden abake baras jo, tarasatee zameen se
judaai sadiyuon ki ye kaise guzari hogi

drops of rain joined the yearning land this year
how would these centuries of separation have passed

hote mehasoos hum tumhe, kaheen aas-paas
dil pe tumane apane, dastak naa di hogi

you would have felt me somewhere near to you
had you given a knock at you heart

badi khush hain nigaahen meri aaj barason ke baad
guftagoo inakee kal raat 'ashk' se hui hogi

my eyes are so happy after many years
I'm sure they must have a dialogue with tears last night

जो टूटी है शाख़, तो एक आह तो गूँजी होगी
वो और बात है, तुमने ना सुनी होगी

मिली हैं बूँदें अबके बरस जो तरसती ज़मी से
जुदाई सदियों की ये कैसे गुज़री होगी

होते महसूस हम तुम्हे, कहीं आस-पास
दिल पे तुमने अपने, दस्तक न दी होगी

बड़ी ख़ुश हैं निगाहें मेरी आज बरसों के बाद
गुफ़्तगू इनकी कल रात 'अश्क' से हुई होगी

गुफ़्तगू   Conversation   बातचीत

zindagi ke paas mere vaaste kuchh na tha
jo thi ek sazaa vo de chuka tha

life had nothing for me
whatever punishment was there, He had already given it

kaate the kuchh roz safar mein maine bhi aise
tanhaaniyuon mein jinko soch mein ro pada tha

I have also spent days in my journey
thinking of those in my loneliness I cried

bhoolaaye nahi bhoolte wo lamhe zindagi ke
kha ke zakhm jinke main jawan ho chala tha

no matter how hard I try, I can't forget those moments of my life
enduring the wounds of which made me a matured person

ज़िंदगी के पास मेरे वास्ते कुछ न था
जो थी एक सज़ा, वो दे चुकाथा

काटे थे कुछ रोज़ सफर में मैंने भी ऐसे
तनहायों में जिनको सोच, मैं रो पड़ा था

भुलाएं नहीं भूलते वह लम्हे ज़िन्दगी के
खा के ज़ख़्म जिनके, मैं जवाँ हो चला था

aansaa nahi hai banana bada waqt lagta hai
sone ko kundan banana mein bada waqt lagta hai

it's not easy to create, it takes time
transforming raw gold to pure gold takes time

fisalte hue chadhna aur girte hue badhna
unhi sidhiyon to har baar chadhne mein waqt lagta hai

climbing despite slipping and advancing while falling
ascending the same stairs again takes time

taano mein tapna wo neelkanth ban jaana
har chot se chamakne mein waqt lagta hai

roasted through taunts and absorbing jabs
shining with every strike takes time

hua paani kam to taapu ho jaate hain
koh banana mein bada waqt lagta hai

when the water level drops island surfaces
for mountain to emerge takes time

आँसा नहीं बनना, बड़ा वक्त लगता है
सोने को कुंदन बनने में वक्त लगता है

फिसलते हुए चढ़ना, और गिरते हुए बढ़ना
उन्ही सीढ़ियों को हर बार चढ़ने में वक्त लगता है

तानों में तपना, वो नीलकंठ बन जाना
हर चोट से चमकने में वक्त लगता है

हुआ पानी कम तो टापू हो जाते हैं
कोह बनने में बड़ा वक्त लगता है

zindagi ke bahi khaate jo palat kar dekhe
hamne kahin ghaate to kahin munaafe dekhe

looking back at the ledgers of life
saw losses in some places and profits in others

udhaar tujh pe hai baaki meri yaadon ka
khaate mein vaade apne bhi bakaaya dekhe

you are still in debt of my memories
my promises are overdue in accounts

lagta tha maine hi khoya hai sabkuch
par bahi me saare hisaab baraabar dekhe

it appeared i was the one who had lost everything
but in books, all scores were settled

jo dekha kareeb se kaagazon ko 'ashq'
safe kahin rote khain muskurate dekhe

when looked closely at the books, 'ashq'
the paper appeared smiling and crying in different places

ज़िंदगी के बही-खाते जो पलट के देखे
हमने कहीं घाटे तो कहीं मुनाफे देखे

उधार तुझ पे है बाकी मेरी यादों का
खाते में वादे अपने भी बकाया देखे

लगता था मैंने ही खोया है सबकुछ
पर बही में सारे हिसाब बराबर देखे

जो देखा करीब से कागजों को 'अश्क'
सफे कहीं रोते तो कहीं मुस्कुराते देखे

main kya hoon kaun hoon abhi to tum ye jaante nahi
zara baat kero hamse hunar tum ye jaante nahi

you don't know who and what am i
art of talking to me you don't know

tum to mujhse kahin kabhi mile hi nahi
jo mil jaanu to tum to mujhe pehchaante nahi

you never even met me anywhere
if we meet, you won't recognize me

thithak jaaoge jo hogi guftagoo pehli baar
main jaanta hoon tujhe aur myjhe tum jaante nahi

when we converse first time you will be amazed
that i know you and you don't know me

chaunk jaoge tum sun ke kuch baatein tumhaari
mujhko hain maloom aur tum inhe jaante nahi

you will be shocked to hear things about you
known to me but you are completely unaware

मैं क्या कौन हूं अभी तो तुम ये जानते नहीं
ज़रा बात करो हमसे हुनर तुम ये जानते नहीं

तुम तो मुझसे कहीं कभी मिले ही नहीं
जो मिल जाऊं तो तुम तो मुझे पहचानते नहीं

ठिठक जाओगे जो होगी गुफ्तगू पहली बार
मैं जानता हूं तुझे और मुझे तुम जानते नहीं

चौंक जाओगे तुम सुन के कुछ बातें तुम्हारी
मुझको हैं मालूम और तुम इन्हे जानते नहीं

zehan mein nahi ise dil mein utarne deejiye
alfaaz-e-ashq hai ye, ise rooh choone deejiye

not in the head, let it sink in your heart
there are words of tears, let it touch your soul

jaane kitni hi mushkile bhar rakhi hain tumne isme
koi kona to is ghar ka sukoon ko bhi dijiye

don't know how many problems are filled by you
spare a corner of the home for serenity as well

aansaa nahi hai zindagi ka tarazu-e-adal hona
un jhuke paldon ke liye khud ko eh maafi dijiye

it's not easy to accurately balance life
forgive yourself for those tilted moments

ज़ेहन में नहीं इसे दिल में उतरने दीजिए
अल्फ़ाज़ ए अश्क है ये इसे रूह छूने दीजिए

जाने कितनी ही मुश्किलें भर रखी हैं तुमने इसमे
कोई कोना तो इस घर का सुकून को भी दीजिए

आँसा नहीं है जिंदगी का तराज़ू-ए-'अदल होना
उन झुके पलड़ों के लिए ख़ुद को एक माफ़ी दीजिए

तराज़ू-ए-'अदल   Equitable   वह तराजू जिसके दोनों पल्लों में तनिक भी
                                 अन्तर न हो

**dekhe the kuchh sapne ki oonchaaiyuon ko chhuyege
jo likhi hain thokre naseeb main toh kya karein**

i saw dreams touching hights
what to do if only failures are penned in fate

**rahi thi aarzoo kuchh kar guzarne ki
jo apno se mila hai dhoka, to kya karein**

i had ambitions to achieve something substantial
what to do when deceived by loved ones

**aur kya batlaayien kya chahaa tha zindagi se
jo mili hai khawaab-e-raakh to kya karein**

how to tell what all i desired from life
what do when i've got ashes of my dreams

देखे थे कुछ सपने की ऊंचाइयों को छूएंगे
जो लिखी हैं ठोकरें नसीब में तो क्या करें

रही थी आरज़ू कुछ कर गुज़रने की
जो अपनों से मिला है धोखा, तो क्या करें

और क्या बतलायें क्या चाहा था ज़िन्दगी से
जो मिली है ख़्वाब-ऐ-राख, तो क्या करें

ख़्वाब-ऐ-राख   ashes of dreams   सपनों की राख

**tumko maloom nahi bala kya gham hai
dard jo duniya ka rakho, to kam hai**

you don't know what calamity is grief
even if you keep the pain of the world at one side, it's not enough

**poochho jalne ka mazaa parwaane se
har janam main jo jaloon toh kam hai**

ask a moth the pleasure of being burnt around a candle
even if i get burnt in every life, it's not enough

**leta hoon saanse tujhko dekhe bina
laash main khud ko kahoon toh kam hai**

I breathe now without seeing you
even if i say carcass to myself, it's not enough

तुमको मालूम नहीं बला क्या ग़म हैं
दर्द जो दुनिया का रखो, तो कम है

पूछो जलने का मज़ा परवाने से
हर जनम मैं जो जलूँ तो कम है

लेता हूँ साँसे तुझको देखे बिना
लाश मैं खुद को कहूँ, तो कम है

bikhra hai mera aashiyaana kuchh is tarah
sukha hua phool zameen pe jis tarah

my home has got scattered just like
when a withered flower falls on the floor with its petals parted

baatein pyaar vafa ki inse jitni kar lo tum
ye khud nahi jaante, inhe nibhaayein kis tarah

no matter how many talks you do about love and loyalty with them
they themselves don't know how to fulfill those promises

ab toh zehar bhi paani ho chala hai humko
maut aaye bhi toh aaye kis tarah

the poison has become water to me now
even if death has to come how will it come

pareshaan hoon main zindagi se bahut 'ashq'
kuchh tumhi bataao ki jiyuon kis tarah

I'm very wretched with life, 'ashq'
at least you tell me how should i live

बिखरा हैं मेरा आशियाना कुछ इस तरह
सूखा हुआ फूल ज़मीं पे जिस तरह

बातें प्यार वफ़ा की इनसे जितनी कर लो तुम
ये खुद नहीं जानते, इन्हे निभाएं किस तरह

अब तो ज़हर भी पानी हो चला हैं हमको
मौत आये भी तो आये किस तरह

परेशां हूँ मैं ज़िन्दगी से बहुत 'अश्क'
कुछ तुम्ही बताओ की जियूँ किस तरह

वफ़ा   Loyalty   निष्ठा, साथ देना

naseeb phoolon ka hai khil ke murjhaana ek roz
phir bhi khilte hain ye bebbak bekhauf har ek roz

it's the fate of the flowers to wither one day
in spite of that, they bloom boldly everyday

kar do tamnnayein tum puri aaj inki
samet ke daaman mein inhe aaj ke roz

you fulfill their desires today
by embracing them in your arms today

maut hai sachchai dikhti hai anjaane cheheron main
mazaa toh haimaut ko jeene mein har ek roz

death is the ultimate truth evident in strange faces of life
pleasure of life is to outlive the death every single day

padi hai zindagi ghamon se guftaghu karne ke liye 'ashq'
jiyo khul ke ki, ke din ye zindagi mein aata nahi roz

you have entire life to speak with sorrows, 'ashq'
live your life fullest today since this day doesn't come everyday

नसीब फूलों का है खिल के मुरझाना एक रोज़
फिर भी खिलते हैं ये बेबाक बेख़ौफ़ हर एक रोज़

कर दो तमन्नाएं तुम पूरी आज इनकी
समेट के दामन में इन्हे आज के रोज़

मौत है सच्चाई दिखती है अनजाने चेहरों में
मज़ा तो है मौत को जीने में हर एक रोज़

पड़ी है ज़िन्दगी ग़मों से गुफ़्तगू करने के लिए 'अश्क'
जियो खुल के, के दिन ये ज़िन्दगी में आता नहीं रोज़

dil ke aaine main ek tasveer si ubharti hai
zindagi naam hai uska, dekhen kab milti hai

a picture emerges in the mirror of my heart
its name is life, let's see when do i meet her

har mod pe andhere, har mod pe saaye mile hain mujhko
talaash-e-shafak dekhen kahan khatam hoti hai

I've got darkness and shadows at every corner of my life
let's see where my search of light finishes

sawaal jitne hai zindagi ke sab likho tum
ki rooh ek din jaa ke use milti hai

write down whatever questions you have about life
that ultimately soul meets Him one day

aate hain mehfil mein khareedar, 'ashq' tum chalo
mohabbat bhi sare bazaar ab yahaan bikti hai

let's leave the gathering since customers are coming
even the love is sold in the open market here

दिल के आईने में एक तस्वीर सी उभरती है
ज़िन्दगी नाम है उसका, देखें कब मिलती है

हर मोड़ पे अँधेरे, हर मोड़ पे साये, मिले हैं मुझको
तलाश -ऐ-शफ़क़ देखें कहाँ ख़त्म होती है

सवाल जितने है ज़िन्दगी के सब लिखो तुम
कि रूह एक दिन जा के उससे मिलती है

आते हैं महफ़िल में खरीदार, 'अश्क' तुम चलो
मोहबब्त भी सरे-बाजार अब यहाँ बिकती है

तलाश -ऐ-शफ़क़   *quest or search of light*   रोशनी की खोज

**humko aati hai kahin door se ek aawaaz
basar hoti hai zindagi le ke uska naam**

I can hear a voice coming from distance
now i live my life by his name

**chhupa lo tum ise chaahe laakh pardon mein
milti hai jhalak, hai shabab iska naam**

no matter under how many warps you hide it
i still get the sparkle, its name is youth

**aata nahi karaar, ab unko dekhe bina
ishq hota hai ye, charcha hai iska sare aam**

i don't get peace now without seeing her
this is known as love, its gossiped in public

**milte hain humko sabhi, hota hai haal-e-bayaan
bas aata nahi humko, ab koi unka salaam**

everybody meets me and exchanges greetings
now i don't receive any greetings from her anymore

हमको आती है कहीं दूर से एक आवाज़
बसर होती है ज़िन्दगी ले के उसका नाम

छुपा लो तुम इसे चाहे लाख परदों में
मिलती है झलक, है शबाब इसका नाम

आता नहीं करार, अब उनको देखे बिना
इशक होता है ये, चर्चा है इसका सरे आम

मिलते है हमको सभी, होता है हाल-ऐ- बयां
बस आता नहीं हमको, अब कोई उनका सलाम

शबाब   beauty, youth   सुंदरता, जवानी

milein hain zakhm itne ki ginte nahi bante
marhum bhi paaya aisa, ki ab 'ashq' nahi thamte

I've received countless wounds, and on top that
got ointment which further enhances my tears

lagi hain kataarein dar pe tere deedaar ko
suna hai kaabe mein aaj kal khuda bhi milte

there are queues at your door for your glimpse
I've heard that he is also not present in shrine these days

maange barbaadiyaan teri khushiyon ke vaaste
dost duniya mein aise bahut nahi milte

the one who wishes ruins for himself in lieu of your happiness
such friends are not many in this world

gaye mayekhaane dar mayekhaane, dhoonda saara jahan
jaam tere labon ke kahin aur nahi milte

been to pubs after pubs of the entire worlds
the liquor of your lips doesn't exist anywhere else

मिलें हैं ज़ख़्म इतने कि गिनते नहीं बनते
मरहम भी पाया ऐसा कि अब 'अश्क' नहीं थमते

लगी हैं कतारें दर पे तेरे दीदार को
सुना हैं काबे में आज कल खुदा भी नहीं मिलते

मांगे बरबादियाँ तेरी खुशियों के वास्ते
दोस्त दुनिया में ऐसे बहुत नहीं मिलते

गए मयखाने दर मयखाने, ढूँढा सारा जहाँ
जाम तेरे लबों के कहीं और नहीं मिलते

काबे   house of God in mecca   मक्का की प्रसिद्ध मस्जिद जहाँ मुसलमान हज करने जाते हैं

na pakdo paani ko tum, ke haath kuchh naa aayega
beh lo iske saath ki tumhe saagar mil jaayega

don't try to catch water, you will not get anything
try to flow with it, and you will find the ocean

gehraayi hain shab andheri toh fikr na kar ae yaar
aaftaab kal udhar se phir nikal aayega

don't get panic even if the night is dark and gloomy
the sun will rise again tomorrow

jo chhaayi hai khizaa chaman ke har ek kone mein
rakh ek gulaab wahan, bahar wo khud le aayega

even if it is autumn in every corner of the garden
you keep a rose there, it will bring the spring

rakh sabr, kar eitbaar 'ashq' pe, kuchh der ke liye
jawaab tere sawaalon ke, waqt khud de jaayega

have patience, trust 'ashq', for some time
the time itself will provide answers to all your questions

न पकड़ो पानी को तुम, कि हाथ कुछ ना आएगा
बह लो इसके साथ, कि तुम्हे सागर मिल जाएगा

गहराई हैं शब अँधेरी तो फ़िक्र न कर ऐ यार
आफताब कल उधर से फिर निकल आएगा

जो छायी है खिज़ा चमन के हर एक कोने में
रख एक गुलाब वहाँ, बहार वो खुद ले आएगा

रख सब्र, कर एतबार 'अश्क' पे, कुछ देर के लिए
जवाब तेरे सवालों के, वक़्त खुद दे जाएगा

खिज़ा   autumn, decay,   पतझड़

ab 'ashq' hi na bache aankhon se behne ke liye
dil ko aadat si ho gayi hai chot khaane ki

there are no tears left in my eyes to flow
my heart has become habitual of getting blows

jo dekha unhone, hum to fanaa ho gaye
aadat hai unko yuon hi qatl karaane ki

i was completely destroyed when she looked at me
she is in the habit of killing like this

karke vaade vo humse mukar jaate hain
aadat hai unko shaayad bhool jaane ki

they deny the promises made to me
perhaps she is in habit of forgetfulness

pada hai vaasta tanhaaiyuon se kuchh is kadar
zaroorat hi na rahi ab kisi aaina-khaane ki

dealt with loneliness so much that
now there is no need of mirrors anymore

अब 'अश्क' ही न बचे आँखों से बहने के लिए
दिल को आदत सी हो गयी है चोट खाने की

जो देखा उन्होंने, हम तो फ़ना हो गए
आदत है उनको यूँही क़त्ल कराने की

करके वादे वो हमसे मुकर जाते हैं
आदत हैं उनको शायद भूल जाने की

पड़ा है वास्ता तन्हाइयों से कुछ इस कदर
ज़रुरत ही न रही अब किसी आईना-ख़ाने की

kehti hain meri aakhen bahut, tu kyuon sun nahi paata
kyuon hai tanha itna, ki khud se mil nahi paata

my eyes says a lot, but why don't you understand
why are you so alone that you are not able to meet yourself

ajeeb udhedbun mein fansaa hoon
kuchh tum hi madad karo e dost
kyon aadmi, aadmi ko yahaan gale lagan ahi paata

I'm stuck in a strange perplexity, please help me my friend
why a person not able to embrace another person

itraata hoon dekh unhe, jo baithe hain oonchaaiyuon pe
mamooli hoon to kya, apne ko zami se juda nahi paata

I exult by seeing people sitting at top, what if I'm ordinary
i don't feel disconnected from the ground

कहती हैं मेरी आँखे बहुत, तू क्यों सुन नहीं पाता
क्यों तनहा हैं इतना, कि खुद से मिल नहीं पाता

अजीब उधेड़बुन में फंसा हूँ, कुछ तुम ही मदद करो ऐ दोस्त
क्यों आदमी, आदमी को यहाँ, गले लगा नहीं पाता

इतराता हूँ देख कर उन्हें, जो बैठे हैं ऊँचाइयों पे
मामूली हूँ तो क्या, अपने को ज़मीं से जुदा नहीं पाता

hasanaa to door yahan rona bhi naseeb naa hua
saanse to li taa-umr, par jeena naseeb na hua

let alone laughter, i couldn't even get a chance to cry here
have taken breath entire life, but didn't get a chance to live

raha intezaar unke aane ka aakhri saans tak mujhe
aahat unke kadmon ki sunu, ye mujhe naseeb naa hua

waited for her arrival till my last breath
but I couldn't even get a chance to hear the sound of her footfall

dillagi zamaane ki tum bhi dekho mere yaar 'ashq' zara
khadi hai laash bolti hui, aur kehte hain, tamasha
naseeb na hua

look at the chaffing of the world my friend 'ashq'
there is a dead-body standing and speaking, and they say they
don't get the spectacle

हँसना तो दूर, यहाँ रोना भी नसीब ना हुआ
साँसे तो ली ता-उम्र, पर जीना नसीब न हुआ

रहा इंतज़ार उनके आने का आखरी साँस तक मुझे
आहट उनके क़दमों की सुनूँ ये मुझे नसीब ना हुआ

दिल्लगी ज़माने की तुम भी देखो मेरे यार 'अश्क' ज़रा
खड़ी हैं लाश बोलती हुई, और कहते है, तमाशा नसीब ना हुआ

hai samajh kamzor meri, kuchh duniya ko samajhne ke liye
marata hai insaan roz, phir bhi karta hai dua jeene ke liye

my understanding is weak to understand the world, man dies
everyday but still he prays to live

mitti ka hai insaan, hai milna mitti mein iska tay
phir bhi behta hai khoon yahan do gaz mitti ke liye

man is made up of soil and he will be mixed in soil certainly, but
still blood is spurted for two yards of soil

bajati hain ghantiyaan shaam-o-sahar mandiron mein har roz
kyon hai naam khuda ka, phir yahan paisa sabhi ke liye

everyday bells chime from morning till evening in temples
then why money is coined as God for all

है समझ कमज़ोर मेरी कुछ दुनिया को समझने के लिए
मरता है इंसान रोज़, फिर भी करता है दुआ जीने के लिए

मिट्टी का है इंसां, है मिलना मिट्टी में इसका तय
फिर भी बहता है खूं यहां, दो गज़ मिट्टी के लिए

बजती है घंटियाँ शाम-ओ-सहर मंदिरों में हर रोज़
क्यों है नाम खुदा का, फिर यहाँ पैसा सभी के लिए

nahi aitraaz mujhe zamaane ke jawaabon se
wo mere sawal pehle samjhe toh sahi

i don't have any objections from the answers of the society
first they should understand my questions

jisko dekho jaane ki baat karta hai yahan
wo apne aane ki kahaani pehle samjhe to sahi

whoever you see talks about his departure
first they should understand the story of their arrival

alfaaz bahut hai kehne ke liye mere paas
wo pehle zubaan nazron ki samjhe to sahi

I've got plenty of words to say
first they should understand the language of my eyes

aag dil mein abhi laga sakte hain 'ashq'
wo aansoon ko hamare pehle khoon samjhe to sahi

I can also ignite the fire in the heart
if they understand that my tears are in fact my blood

नहीं ऐतराज़ मुझे ज़माने के जवाबो से
वो मेरे सवाल पहले समझें तो सही

जिसको देखो जाने बात करता है यहां
वो अपने आने की कहानी पहले समझें तो सही

अलफ़ाज़ बहुत है कहने के लिए मेरे पास
वो पहले जुबां नज़रों की समझें तो सही

आग दिल में हम भी लगा सकते हैं 'अश्क'
वो आँसू को हमारे पहले ख़ूँ समझें तो सही

अलफ़ाज़   words   शब्द

ehsaas uske naa hone ka ghar kar gaya hai
his khud ke hone ka, ab khatm ho gaya hai

feeling of her absence has sunk-in so much that
the sense of self existence has extinct

intezaar hai ki hota nahi khatm
din kayaamat ka bhi kal guzar gaya hai

the wait is never ending
in fact the day of judgement has also passed yesterday

aa jao laut ke, jee le 'ashq' bhi ek pal
din maut ka meri, ab mukkarrar ho gaya hai

come back, let 'ashq' live for a moment
the day of my death is declared

एहसास उसके ना होने का घर कर गया हैं
हिस खुद के होने का, अब ख़त्म हो गया हैं

इंतज़ार हैं कि होता नहीं ख़त्म
दिन कयामत का भी कल गुज़र गया हैं

आ जाओ लौट के, जी ले 'अश्क' भी एक पल
दिन मौत का मेरी, अब मुक़र्रर हो गया है

<hr>

हिस   Senses, feeling   महसूस करने की शक्ति, एहसास
मुक़र्रर   settled, confirmed   य किया हुआ, निश्चित

aakhen bhar aayein hai teri kyon abhi
safa palta hai, pehla hi, ulfat ka abhi

why your eyes are full so early
I've just turn the first page of my love fable

naa karo intezaar mere aah bharne kaa
gehre zakhmon se kya khoon tapka hai kabhi

don' wait for my wailing
have you seen blood dripping from deep wounds

chale gaye ho kahan tum chhod mujhe
tere haathon mein mera haath tha abhi

where have you left, leaving me
just now my hand was in your hands

aur kuchh der ruko, phir chale jaana sanam
pyaala 'ashq' ne piya hai, zehar ka abhi

stay for a while then you may leave my dear
I've just gulped the cup of venom

आँखे भर आयी है तेरी क्यों अभी
सफ़ा पलटा है, पहला ही, उल्फत का अभी

ना करो इंतेज़ार मेरे आह भरने का
गहरे ज़ख्मों से क्या ख़ूँ टपका है कभी

चले गए हो कहाँ तुम छोड़ मुझे
तेरे हाथों में मेरा हाथ था अभी

और कुछ देर रुको, फिर चले जाना सनम
प्याला 'अश्क' ने पिया है, ज़हर का अभी

kise achcha, kise bura main kanhu
tujhko but, ya khuda main kanhu

whom should I say good, whom should I say bad
should I address you as statue aur God

jala parwaana shama bujhne se pehle
wafa ise ya bewafaai main kahoon

a moth was burnt before the candle extinguishes itself
should I address this as loyalty or disloyalty

leta hoon saanse tujhko dekhe bina
zindagi ise ya laash khud ko kahoon

I take breath without seeing you
do i consider this a life or myself as corpse

tapka hai abhi meri aankh se jo 'ashq'
katra khoon ka, yaa sailaab ise main kahoon

just now the tear that dropped from my eyes
should I pronounce this a drop of my blood or a surge

किसे अच्छा, किसे बुरा मैं कहूँ
तुझको बुत, या खुदा मैं कहूँ

जला परवाना शमा बुझने से पहले
वफ़ा इसे या बेवफाई मैं कहूँ

लेता हूँ सांसे तुझको देखे बिना
ज़िन्दगी इसे या लाश खुद को कहूँ

टपका है अभी मेरी आँख से जो अश्क़
कतरा ख़ून का, या सैलाब इसे मैं कहूँ

बुत   idol, statue   मूर्ति, प्रतिमा

tujhe chaahne ki khata kar baitha hoon main
tha to kaafir, ke ibaadat kar baitha hoon main

I've done mistake of loving you
I was an atheist, but now I'm worshipping you

aayahoon dar pe teri, ki palken utha lo apni
ab nazron ko teri, ghar apna bana baitha hoon main

I've come at your doorstep, lift your eyelids
as I've made your eyes my home now

dua salaamti ki meri log padhne lagen hain roz
keh khuda tujhko, rakeeb use banaa baitha hoon main

people are praying for my safety every day
by accepting you as my god, I've made him my enemy

aksar tanhaai mein khud se poochhta hai 'ashq'
juda tujhse ho jaoon, zid ye kyon kar baitha hoon main

many a time, I asked myself in solitude
why have I been fixated on getting separated from You

तुझे चाहने की खता कर बैठा हूँ मैं
था तो काफिर, कि इबादत कर बैठा हूँ मैं

आया हूँ दर पे तेरे तुम पलकें उठा लो अपनी
अब नज़रों को तेरी, घर अपना बना बैठा हूँ मैं

दुआ सलामती की मेरी लोग पढ़ने लगे हैं रोज़
कह खुदा तुझको, रक़ीब उसे बना बैठा हूँ मैं

अक्सर तन्हाई में, खुद से पूछता है 'अश्क'
जुदा तुझसे हो जाऊँ, ज़िद ये कैसी कर बैठा हूँ मैं

tujhko alag apne aap se main karoon kaise
gul ki hai khushboo, use juda main karoon kaise

how can I separate you from me
fragrance is of flower, how can I separate them

tujhko puja hai har din, har pal maine
phir kisi aur ko khuda main kahoon kaise

I've worshipped you every day every moment
how could i consider somebody else as my God

main tere saath nahi, to ye kismat meri
tu mere saath hai har pal, ye main bhoolun kaise

I'm not with you that's my fate
how can I forget, you are with me all the time

kehte hain log dafn kar doo, main yaadein teri
tum hi kahi, zulm 'ashq' pe ye main karoon kaise

people say to bury your memories
now you tell me, how can i be so cruel to 'ashq'

तुझको अलग अपने आपसे, मैं करूँ कैसे
गुल की है खुशबू, उसे जुदा मैं करूँ कैसे

तुझको पूजा है हर दिन, हर पल मैंने
फिर किसी और को खुदा मैं कहूँ कैसे

मैं तेरे साथ नहीं, तो ये किस्मत मेरी
तू मेरे साथ है हर पल, ये मैं भूलूँ कैसे

कहते हैं लोग दफ़न कर दूँ, मैं यादें तेरी
तुम ही कहो, जुल्म 'अश्क' पे ये, मैं करूँ कैसे

dooyiaan ban jaati hain, guzarate waqt ke saath
khat bhi nahi aate hain unke ab, guzarate waqt ke saath

with the passage of time the distance grows, now even the letters
don't come with the passage of time

thi bahar kabhi, ab patjhad ka hai dera yahaan
tanha patti bachchi hai shaakh pe, guzarate waqt ke saath

there was spring sometime back, but now autumn has camped here
a lonely leaf is left on branch, with the passage of time

bachpan, jawaani, aur phir aati hai maut
zindagi yuon hi kat jaati hai, guzarate waqt ke saath

childhood, youth, old age, and then comes death
the life passes just like that, with the passage of time

zakhm kitne hi khaaye 'ashq' ne ulfat ke naam pe
ye ishq hai, badhta jaata hai, guzarate waqt ke saath

many wounds were inflicted upon 'ashq' in name of love
but the love just grows with the passage of time

दूरियाँ बन जाती हैं, गुज़रते वक़्त के साथ
ख़त भी नहीं आते हैं उनके अब, गुज़रते वक़्त के साथ

थी बहार कभी, अब पतझड़ का हैं डेरा यहाँ
तन्हा पत्ती बची है शाख़ पे, गुज़रते वक़्त के साथ

बचपन, जवानी, बुढ़ापा, और फिर आती हैं मौत
ज़िन्दगी यूं ही काट जाती हैं, गुज़रते वक़्त के साथ

ज़ख्म कितने ही खाये 'अश्क' ने उल्फत के नाम पे
ये इश्क हैं, बढ़ता जाता हैं, गुज़रते वक़्त के साथ

apne mein mashgool hain, shaam-o-sahar ye log
phir bhi koson hain dur, khud se yeh log

people are immersed in themselves from morning to evening
in spite of that, there are so distant from themselves

nahi girte hain aansoon, kisi gair ke gam mein inke
dil ko bakse mein kar band, chain se sote hain ye log

tears don't fell at the grief of others
they sleep calmly keeping their heart locked in box

sunaai nahi deti aawaaze inko zameer ki
galaa ghont rooh ka, jam ladaate hain ye log

they don't hear the voice of their conscious
these people have strangled the soul and enjoy partying

taajjub mein hoon main, ye dekh kar e yaar
phir bhi insaan kehalaana chaahte hain ye log

I'm surprised to see all this my friend, that after all this
they still want to be called human

chale jaa rahein hain sab naa jane kahaan kis oar
bikhri hui bheed ke hisse hain ye log

everybody is going, don't know where, in which direction
they are part of a scattered crowd

na kaho kuchh aur 'ashq' chup ho jaao tum
warana kal tere qatl ko haadsa bataayenge ye log

don't say anything else 'ashq', you should stop
otherwise, tomorrow these people will call your murder an accident

अपने में मशगूल हैं, शाम-ओ-सहर ये लोग
फिर भी कोसों हैं दूर, खुद से ये लोग

नहीं गिरते हैं आँसूं किसी गैर के ग़म में इनके
दिल को बक्से में कर बंद, चैन से सोते हैं ये लोग

सुनाई नहीं देती आवाज़े इनको ज़मीर की
गाला घोंट रूह का, जाम लड़ाते हैं ये लोग

ताज्जुब में हूँ मैं ये देख कर ऐ यार
फिर भी इंसां कहलाना चाहते हैं ये लोग

चले जा रहें सब, ना जाने कहाँ, किस ओर
बिखरी हुई भीड़ के हिस्से हैं ये लोग

न कहो कुछ और 'अश्क', चुप हो जाओ तुम
वरना कल तेरी क़त्ल को, हादसा बताएँगे ये लोग

शाम-ओ-सहर   round the clock   शाम और सुबह, सारा दि

ehsaan ye aakhri aaj tum mujh par kar do
ye pal apni zindagi ka, mere naam ek baar kar do

do this last favor to me today
name this moment of your life to me for once

saans lo jo is pal me tum, mujhe usme basaa lo
maut aane se pehle, mujhe zinda ek baar kar do

live me in the next breath you are going to take
before i die make me alive for once

kehte hain log nahi aata hai koi jaane ke baad
deke dastak mere dar pe, tum jhutha unhe ek baar kar do

people say no one returns once they depart
by giving a knock at my door, you prove them liars for once

aakhen hain band meri kayaamat ke us din se
chera apna dikha, inhe roshan ek baar kar do

my eyes are closed since the day of judgement
by showing your face, bring light to them for once

naa aayega laut ke dar pe tere ye 'ashq' dubaara
hasati aakhon se tu mujhe rukhsat ek baar kar do

'ashq' will not return to your doorstep again
bid farewell to me with smiling eyes for once

अहसान ये आखरी आज, तुम मुझ पर कर दो
ये पल अपनी ज़िन्दगी का, मेरे नाम एक बार कर दो

साँस जो लो इस पल में तुम, मुझे उसमे बसा लो
मौत आने से पहले, मुझे ज़िंदा एक बार कर दो

कहते हैं लोग नहीं आता है कोई जाने के बाद
देके दस्तक मेरे दर पे, तुम झूठा उन्हें एक बार कर दो

आँखे हैं बंद मेरी कयामत के उस दिन से
चेहरा अपना दिखा, इन्हे रोशन एक बार कर दो

न आएगा लौट के दर पे तेरे ये 'अश्क' दुबारा
हंसती आँखों से तू मुझे रुखसत एक बार कर दो

koi nahi jaanta kuchh bhi hota kyon hai
mil ke hawa se wo patta hilta kyon hai

nobody knows why anything happens
why that leaf moves when meets with air

nahi rishta hai tera mujhse yuon to koi
phir chera tera dekh, dil mera khilta kyon hai

you don't have any relation with me
then why does my heart blooms when I see you

sabko khabar hai sabke jaane ki yahaan
kisi ke jaane pe phir koi rota kyon hai

everybody knows that everybody will depart
then why people cry when somebody leaves

nahi hai jawaab mere paas is sawaal ka
ki koi jeeta hai toh vo jeeta kyon hai

I don't have any answer to the question
that why does anybody live

agar banaayi hai kudrat ne har cheez sahi
khaamiyaan itni phir insaan mein kyon hai

if the nature has made everything correct
then why there are so many faults in humans

कोई नहीं जानता कुछ भी होता क्यों है
मिल के हवा से वो पत्ता हिलता क्यों है

नहीं रिश्ता है तेरा मुझसे यूँ तो कोई
फिर चेहरा तेरा देख, दिल मेरा खिलता क्यों है

सबको खबर है सबके जाने की यहाँ
किसी के जाने पे फिर कोई रोता क्यों है

नहीं है जवाब मेरे पास इस सवाल का
कि कोई जीता है तो वो जीता क्यों है

अगर बनाई है कुदरत ने हर चीज़ सही
ख़ामियां इतनी फिर इंसां में क्यों है

tu hai maujood duniya ke har kone me agar
phir ye achcha aur vo bura kyon hai

if you are present in evey particle of the world
then why one thing is good and the other is bad

ajeeb kashmakash hai zehan mein mere, ki
insaan zamaane mein aake, pehle rota kyon hai

there is a strange dilemma in my mind
that why does human cry first when they arrive in this wold

gore-kaale ki agar ye baat hai galat
to banaane waale ne ye phark rakha kyon hai

if the talks about white and black is all wrong
then why does this difference was created by the creator

sawaal saare khatm ho jaate hain ek jagah
banaane waale tune hame banaaya kyon hai

all the questions converged to one, that creator
why have you created us

anjaam rooh kai hai use milna agar
to safar ye itna pecheeda kyon hai

if the ultimate destination of a sould is to reach him
then why entire journey is so tangled

aur kuchh nahi bas ye poochhta hai 'ashq'
jo maalik hai sabka vo khuda kyon hai

nothing more, 'ashq' just wants to ask
that why is the one who is the master of all is God

तू है मौजूद दुनिया के हर कोने में गर
फिर ये अच्छा और वो बुरा क्यों है

अजीब कशमकश है ज़हन में मेरे, कि
इंसां ज़माने में आ के, पहले रोता क्यों है

गोरे-काले कि गर ये बात है गलत, तो
बनाने वाले ने ये फर्क रखा क्यों है

सवाल सारे ख़त्म हो जाते हैं एक जगह
बनाने वाले तूने हमे बनाया क्यों है

अंजाम रूह का है उससे मिलना अगर
तो सफर ये इतना पेचीदा क्यों है

और कुछ नहीं बस ये पूछता है 'अश्क'
जो मालिक है सबका वो खुदा क्यों है

nahi nahi ab aur nahi
youn saanse lena ab aur nahi

no, no, now no more
taking breath like this, now no more

nahi kismat mein tu meri ab
yuon aahein bharna theek nahi

you are not in my destiny
taking sigh like this is not correct

pee hai maine botal-botal
ab jam se peena manzoor nahi

I've gulped bottle after bottle
now drinking in a cup is not accepted to me

roya bahut hoon main tanha
jeene ki saza ab aur nahi

cried a lot alone I've
now no more punishment to live

dekhen hain kai rang duniya ke
rangeen ye duniya theek nahi

I've seen a lot of colors of the world
this colorful world is not good

gham se naata sadiyuon ka 'ashq'
yuon rishta todna theek nahi

connection between 'ashq' and sorrow is of centuries
breaking of such relationship just like that is not good

नहीं नहीं अब और नहीं
यूँ साँसे लेना अब और नहीं

नहीं किस्मत में तू मेरी अब
यूँ आहें भरना ठीक नहीं

पी है मैंने बोतल-बोतल
अब जाम से पीना मंज़ूर नहीं

रोया बहुत हूँ मैं तनहा
जीने की सज़ा अब और नहीं

देखें हैं कई रंग दुनिया के
रंगीन ये दुनिया ठीक नहीं

ग़म से नाता सदियों का 'अश्क'
यूँ रिश्ता तोड़ना ठीक नहीं

nahin milta koi nishaan mujhe tere hone ka
phir kyon karoon main yakeen ab tere hone ka

I don't find any mark of your presence
then why should I believe now in your presence

rote hain bachche, ki neend aati nahi khaali pet
aur vo karte hain dava darya dil tere hone ka

children cry because sleep doesn't come empty stomach
and they claim of his generosity

log kehte gain ki milonga tujhse mai ek din
nahi pata unko bhi raaz, juda tujhse hone ka

people say that i will meet you one day
even they don't know the secret of separation from you

नहीं मिलता कोई निशाँ मुझे तेरे होने का
फिर क्यों करूँ मैं यकीन अब तेरे होने का

रोते हैं बच्चे, कि नींद आती नहीं खाली पेट
और वो करते हैं, दावा दरया दिल तेरे होने का

लोग कहते हैं कि मिलूंगा तुझसे मैं एक दिन
नहीं पता उनको भी राज़, जुदा तुझसे होने का

naa chhod jao mujhe majhdaar mein tum
ki doob jaaunga main
raha saath tere, toh toofaan-e-zeest
bhi paar kar jaunga main

don't leave me midstream, I'll drown
if you are with me, I'll swim through the storm of life

dekh kaante raahe zindagi ken aa mudon tum
gul-e-galeecha abhi us par bichhaaunga main

don't turn back by seeing the thorns of life on the way ahead
i will spread the carpet of flowers on that now

na bano sangdil is kadar, na phero muh 'ashq' se yuon
noor-e-nazar hoon main, safe pe ek sukha nishaan
reh jaunga main

don't be such a cold hearted, don't turn away from 'ashq'
right now, I'm shine of the eyes, I'll become a dry spot on a page

ना छोड़ जाओ मुझे, मझदार में तुम, कि डूब जाऊंगा मैं
रहा साथ तेरा, तो तूफ़ान-ऐ-ज़ीस्त भी पार कर जाऊंगा मैं

देख कांटे राहे ज़िन्दगी के ना मुड़ो तुम
गुल-ऐ-ग़लीचा अभी उस पर बिछाऊंगा मैं

न बनो संगदिल इस कदर, न फेरो मुँह 'अश्क' से यूँ
नूर-ए-नज़र हूँ अभी, सफ़े पे एक सूखा निशाँ रह जाऊंगा मैं

मझदार	Vortex	समुंद्र या दरिया के बीच
गुल-ऐ-ग़लीचा	carpet of flowers	फूलों का कालीन
तूफ़ान-ऐ-ज़ीस्त	storm of life	ज़िन्दगी का तूफ़ान
संगदिल	stony-hearted	निर्दयी
नूर-ए-नज़र	light of the eye	आँख का नूर

kahaani mere saath, wahi dohraai hai
aakhen meri aaj phir bhar aayin hai

the same story is repeated with me once again
my eyes are watery today once again

nahi tha tujhko mujhpe yakeen to kaha hota
zabaan-e-khanjar tune kyon chalaayi hai

had you don't trust me, you should have told me
why have you wielded your tongue as dagger

nahi pata mujhko ki ye hota hai kyon
bhulaaon tujhko, aur teri yaad, phir yaad aayi hai

I don't know why it happens, that I try to forget you, and your
memories, reminds me of you again

auron se shikwa nahi, par shikaayat hai tujhse
mehfil me sare aam, tune meri hansi kyon banaai hai

I don't have any objections from others, but complaint against you
why have you make fun of me in public

kehte hain phir bhi ki tujhse pyaar hai 'ashq'
ye keh ke toone, dukhti nabz phir dabaayi hai

still, you say that you love 'ashk'
by saying this, you have touched a nerve ending

कहानी मेरे साथ, वही दोहराई है
आखें मेरी आज फिर भर आयी है

नहीं था तुझको मुझपे यकीं तो कहा होता
ज़बान-ऐ-ख़ंजर तूने क्यों चलायी है

नहीं पता मुझको कि ये होता है क्यों
भुलाऊँ तुझको, और तेरी याद, फिर याद आयी है

औरों से शिकवा नहीं, पर शिकायत है तुझसे
महफ़िल में सरे आम, तूने मेरी हंसी क्यों बनाई है

कहते हैं फिर भी, कि तुझसे प्यार है 'अश्क'
ये कह के तूने, दुखती नब्ज़ फिर दबाई है

udne ka hunar ab seekh liya maine
sab kuch chhod halka hona seekh liya maine

I've learnt the art of flying now
I've learnt to be light by leaving everything

ehsaas ko lafzon mein pirona seekh liya
dil se apne baat karna seekh liya

I know how to put feelings into words
I have learned to speak to my heart

nahi karta unko yaad ab main doston
bina saans liye, jeena seekh liya maine

friends, I don't remember her anymore
I've learnt to live without breathing

उड़ने का हुनर अब सीख लिया मैंने
सब छोड़ हलका होना सीख लिया मैंने

एहसास को लफ्जों में पिरोना आ गया
दिल से अपने बात करना सीख लिया मैंने

नहीं करता उनको याद अब मैं दोस्तों
बिना सांस लिए, जीना सीख लिया मैंने

kitne majboor kiye jaa rahe hain hum
saans bhi poochh ke liye jaa rahein hain hum

we are being forced so much that
permission is being taken before breathing

zindagi ka mere haal poochhate ho tum
zehar bhi ghulaami ka piye jaa rahein hum

you ask about the situation of my life
poison of subjugation is also being drunk

na ho sake aazaad is umr mein to kya
'ashq' ko qaid se riha kiye jaa rahein hain hum

doesn't matter if not able to get liberated in this life
at least we managed to absolve tears from the prison

कितने मजबूर किए जा रहें हैं हम
सांस भी पूछ के लिऐ जा रहें हैं हम

ज़िंदगी का मेरे हाल पूछते हो तुम
ज़हर भी गुलामी का पिए जा रहें हैं हम

ना हो सके आज़ाद इस उम्र में तो क्या
'अश्क' को कैद से रिहा किये जा रहें हैं हम

hua hai kai baar to ek baar aur sahi
toota hai dil kai baar to ek baar aur sahi

since it has happened many times, let it be one more time
the heart is broken many times, let it be one more time

suni hain teri aawaazien pukaarti mere naam ko
toote dil ka dhadkana ek baar aur sahi

I heard your voice calling my name
let the broken heart beat once more time

dafanaaya, jalaaya, chadhaaya sooli pe kai baar
tere liye marna mera ek baar aur sahi

I was buried, cremated, and crucified many a time
dying for you one more time is accepted

main roya hoon kai umr ek umr mein lekin
girna ashq ka phir ek baar aur sahi

I have cried many lifetimes in one life but
breaking down in tears one more time is accepted

हुआ है कई बार तो एक बार और सही
टूटा दिल कई बार तो एक बार और सही

सुनी है तेरी आवाज़ पुकारती मेरे नाम को
टूटे दिल का धड़कना एक बार और सही

दफ़नाया, जलाया, चढ़ाया सूली पे कई बार
तेरे लिए मरना मेरा एक बार और सही

मैं रोया हूँ कई उम्र एक उम्र में लेकिन
गिरना 'अश्क' का फिर एक बार और सही

galat ko galat kehne main kya harz hai
itani jee-huzoori tumhaara marz kya hai

what's the harm in calling wrong, wrong
so much sycophancy, what's the ailment

jhoot ko aakhir jhoot kab kahoge
sach kaho isse bada karz kya hai

when will you finally call a lie, a lie
tell the truth, what is a bigger debt than this

nazeer banaani hai aati nasl ke liye
aur tum poochhate ho hamara farz kya hai

we have to set an example for the coming generations
And you ask what is our duty

ग़लत को ग़लत कहने में हर्ज क्या है
इतनी जी-हुज़ूरी तुम्हारा मर्ज़ क्या है

झूठ को झूठ आखिर कब कहोगे
सच कहो इससे बड़ा क़र्ज़ क्या है

नज़ीर बनानी है आती नस्ल के लिए
और तुम पूछते हो हमारा फर्ज़ क्या है

____

नज़ीर मिसाल   example

subh uthte hi zehan mein ye sawaal rehta hai
zisne utaara tha nashtar vo kish aal mein rehta hai

as soon as I wake up in the morning, the question arises in my mind
what is the condition who slid the dagger into me

sabab tune maana apni saari pareshaaniyon ka mujhe
chhod kar mujhe phir bhi tu kitna behaal rehta hai

you considered me the reason for all your problems
even after leaving me, why you remain so miserable

tabaah kar diya tune jis aashiyaane ko dekh
aaj bhi us ghar mein bas tera hi khayal rehta hai

see, even the house you destroyed
still, you only live in that house in spirit

aawaaz, khushboo, chehra, aur vo sukoon-e-lams tera
inke bina hosho-hawaas ka mere ab bura haal rehta hai

your voice, fragrance, face, and that touch of tranquillity,
without them, my senses are now tormented

girega jo ashq aakhiri aankh band hone se pehle
thaamne usko aaj bhi sirhaane tera rumaal rehta hai

the tear that will fall before the eyes are closed
to hold it, your handkerchief still remains next to my pillow

सुबह उठते ही ज़ेहन में बस ये सवाल रहता है
जिसने उतारा था नश्तर वो किस हाल में रहता है

सबब तूने माना अपनी सारी परेशानियों का मुझे
छोड़ कर मुझे, फिर भी, तू कितना बेहाल रहता है

तबाह कर दिया तुमने जिस आशियाने को देख
आज भी उस घर में बस तेरा ही ख़्याल रहता है

आवाज़, खुशबू, चेहरा, वो सुकून-ए-लम्स तेरा
इनके बिना होश-ओ-हवास का मेरे बुरा हाल रहता है

गिरेगा जो 'अश्क' आखिरी आंख बंद होने से पहले
थामने उसको आज भी सिरहाने तेरा रूमाल रहता है

| लम्स | touch | स्पर्श, छूना |
| नश्तर | knife, scalpel | बारीक और नाज़ुक छुरी |

अश‌आर

keh ke naasamajh vo hum pe muskuraatein hain
haqeeqat se khud ki waqif nahi, aur tohmat hum pe
lagaate hain

they call me immature and smile at me
not aware of their own reality and they slander me

kehte hain kar lenge duniya saari mutthi mein
kar ke baatein vo bachkaani, nadaan humein batate hain

they say they will rule the world
they talk about childish things and call me naive

suljhaana chaaha zindagi ko, toh khud ulajh gaye
paa ke bhi na paaya tumko, toh khud bikhar gaye

tried to untangle the life, and got entangled myself
even after finding you I couldn't get hold of you, thus, i got scattered

ho tumse milne ki khushi ya bijhadne ga gham
kar ke bewafaai, 'ashq' bhi mujhse juda ho gaye

be it the happiness of meeting you, or the sorrow of separation
even tears turn disloyal and separated from me as well

कह के नासमझ वो हम पे मुस्कुराते हैं
हक़ीक़त से ख़ुद की वाक़िफ़ नहीं, और तोहमत हमपे लगाते हैं

कहते हैं कर लेंगे दुनिया सारी मुट्ठी में
कर के बातें वो बचकानी, नादाँ हमें बताते हैं

सुलझाना चाहा ज़िन्दगी को, तो ख़ुद उलझ गए
पा के भी न पाया तुमको, तो ख़ुद बिखर गए

हो तुमसे मिलने की ख़ुशी, या बिछड़ने का ग़म
कर के बेवफाई, 'अश्क' भी मुझसे जुदा हो गए

kholte hain raaze ulfat, aap kuchh yuon samjhiye
ek aur naam hai 'ashq' iska, bas itna samjhiye

disclosing the secret of love, it is something like this
it is known by another name as 'ashq', you just understand this

kehte hain bhool jaao use ki din hue bahut, hamne kaha
lena hai saans zaroori jeene ke liye, baaki khud samjhiye

they say forget her, it's been a long time, I said
breathing is necessary to live, figure out the rest yourself

raaz ki baat hai ye, baat ye aam nahi
dil mein tu, tu hai sirf, nahi koi khuda nahi

this is a matter of secret, matter of secrecy it is
there is only you in my heart, no there is no God

jaane ye kaisa hai safar, kyon ye khatm hota nahi
maut to ek saraai hai, nasha isme ghar saa nahi

don't know what kind of journey this is, why it never ends
death is an inn; intoxication is not like a home in it

खोलते हैं राजे उल्फत, आप कुछ यूँ समझिये
एक और नाम है 'अश्क' इसका, बस इतना समझिये

कहते हैं भूल जाओ उसे, कि दिन हुए बहुत, हमने कहा
लेना है सांस जरूरी जीने के लिए, बाकी खुद समझिये

राज़ कि बात हैं ये, बात ये आम नहीं
दिल में तू, तू हैं सिर्फ, नहीं कोई खुदा नहीं

जाने ये कैसा है सफर, क्यों ये ख़त्म होता नहीं
मौत तो एक सराय है नशा इसमें घर सा नहीं

hijr-e-safar ka aagaaz hua hai
toh anjaam tak rukenge hum

the journey of separation has started
so we will stay till it finishes

shab ye andheri gehraai hai toh kya
rastaa chaand ka apne dekhenge hum

so what if the dark night has become gloomy
I will wait my moon to rise

ab aati nahi need raaton mein, din mein khwaab dekhte hain
ab kya sunaaye tumko, hum to aaj-kal
apnea ap se bhi kam milte hain

now I can't sleep at night, I dream during the day
now what should I tell you, these days I meet less to myself

kaante unki yaadon ke hum dil se lagaaye rakhte hain
jo khoon bhi tapke aakhon se toh log 'ashq' kehte hain

keep thorns of her memories close to my heart
if blood drops from my eyes, people call it tears

हिज़्र-ऐ-सफर का आगाज़ हुआ हैं
तो अंजाम तक रुकेंगे हम

शब ये अँधेरी गहराई हैं तो क्या
रस्ता चाँद का अपने देखेंगे हम

अब आती नहीं नींद रातों में, दिन में ख्वाब देखते हैं
अब क्या सुनाये तुमको, हम तो आज-कल अपने आप से भी कम मिलते हैं

काटें उनकी यादों के हम दिल से लगाए रखते हैं
जो ख़ूँ भी टपके आँखों से तो लोग 'अश्क' कहते हैं

हिज़्र-ऐ-सफर   *journey of separation*   विरह या जुदाई की यात्रा

mera aana tujhe khushi de naa sakaa
mere jaane pe toh muskurahat hoti

my arrival didn't bring happiness to you
you could have smiled at my departure

tohafa-e-rukhsat samajah lete use hum
zindagi kuchh toh aasaan guzari hoti

I could consider that as my farewell gift
life would have been easier

bina kisi maksad ke jiye jaa rahaan hoon main
ek laash hai aur use dhoe jaa raha hoon main

i'm living my life without any purpose
there is a dead body and i'm carrying it

tu khada tha wahin, usi mod pe kahin
tera intezaar wahin, aaj bhi kiye jaa rahaan hoon main

you were standing there, at that same turn, once upon a time
i am waiting for you there, even today

मेरा आना तुझे ख़ुशी दे न सका
मेरे जाने पे तो मुस्कराहट होती

तोहफा-ऐ-रुख़सत समझ लेते उसे हम
ज़िन्दगी कुछ तो आंसा गुज़री होती

बिना किसी मकसद के जिए जा रहाँ हूँ मैं
एक लाश है, और उसे ढोये जा रहाँ हूँ मैं

तू खड़ा था वहीं, उसी मोड़ पे कभी
तेरा इंतज़ार वहीं, आज भी किये जा रहाँ हूँ मैं

तोहफा-ऐ-रुख़सत   *gift of farewell*   विदाई का उपहार

tere aane ka khwaab dekhta hoon main
bahaar guzari hai abhi, use rokta hoon main

I dream of your arrival
spring has just passed, I try to stop it

tanhaai mein jo aaye yaad mujhe
tere mahakte roomal se khelta hoon main

whenever I remember you in my loneliness
I play with your fragrant handkerchief

zakhm saare aaj mere, phir surkh ho gaye
baandhe the badi mushkil se, taar saare khul gaye

today all my wounds have turned red again
tied with great difficulty, all the strings came loose

umda hai sailaab-e-'ashq' kuchh is kadar
khwaab bhi saare aaj aankh se juda ho gaye

flood of tears has surged something like this
that all the dreams as well got separated from eyes

तेरे आने का ख्वाब देखता हूँ मैं
बहार गुज़री हैं अभी, उसे रोकता हूँ मैं

तन्हाई में जो आ जाये तेरी याद मुझे
तेरे महक़ते रूमाल से खेलता हूँ मैं

ज़ख्म सारे आज मेरे, फिर सुर्ख हो गए
बांधे थे बड़ी मुश्किल से, तार सारे खुल गए

उमड़ा है सैलाब-ऐ-'अश्क' कुछ इस कदर
ख्वाब भी सारे आज आँख से जुदा हो गए

zaroori nahi ki tumko mujhse mohabbat ho
lekin lakeerein toh kahin bhi mil jaati hain

it's not necessary that you love me
but lines of fate meet anywhere

ho sakta hai takarao tum mujhse ek din
ki mulaakaate aksar isi tarah ho jaati hain

maybe you'll bump into me one day
meetings often happen like this

kashmakash zamaane mein kuchh yuon ho gayi hai ab
deedare duniya bhi, dushvaar ho gayi hai ab

struggle in the society has become something like this now
seeing the world has become difficult now

aur jeene ki jaddojahad mein pata na chala hame
ki zariya munaafe ka maut ho gayi hai ab

and in the midst of life struggle, I didn't realize
that death has become means of profit now

ज़रूरी नहीं की तुमको मुझसे मोह्बत हो
लेकिन लकीरें तो कहीं भी मिल जाती हैं

हो सकता है टकराओ तुम मुझसे एक दिन
कि मुलाकाते अक्सर इसी तरह हो जाती हैं

कशमकश ज़माने में कुछ यों हो गयी है अब
दीदार- ऐ-दुनिया भी, दुशवार हो गयी है अब

और जीने की जद्दोजहद में पता न चला हमे
कि ज़रिया मुनाफे का, मौत हो गयी है अब

जद्दोजहद   Struggle   दौड़धूप, चेष्टा

**itni shiddat se chahaa hai tujhko maine
use bhi ho chali hai hasarat insaan hone ki**

I loved you so passionately
that He also desires to be a human

**naa palatna safe meri daastaan ke zamaane mein 'ashq'
nahi hai tumko khabar, keemat kya maine chukaai insaan
hone ki**

don't turn pages of my story in public 'ashq'
they are not aware what price i have paid to be human

**main bhi insaan tu bhi insaan hai, phir kyon ye mazhab
apni pehchaan hai
raahe hamaari beshak juda sahi, phir bhi sabka ek hi
makaan hai**

I am also a human being, you are also a human being
then why the religion should be our identity

although our paths are different
yet we all have the same destination

**paigambar aaye alag-alag sahi, sabne diya ek hi paigaam hai
tareeke judaa hai ibaadat ke apne, phir bhi
sabka ek hi khuda hai**

it is true that different prophets came, however, they all gave the
same message our methods of worship are different
yet everyone has the same god

इतनी शिद्दत से चाहा है तुझको मैंने
उसे भी हो चली है हसरत, इंसा होने की

न पलटना सफे मेरी दास्तान के ज़माने में 'अश्क़'
नहीं है उनको ख़बर, कीमत क्या मैंने चुकाई इंसा होने की

मैं भी इंसां तू भी इंसां है, फिर क्यों ये मज़हब अपनी पहचान है
राहें हमारी बेशक जुदा सही फिर भी सबका एक ही मकाँ हैं

पैगम्बर आये अलग -अलग सही, सबने दिया एक ही पैग़ाम है
तरीके जुदा है इबादत के अपने, फिर भी सबका एक ही ख़ुदा है

मकाँ   House   घर

**guzarati hui bheed ka hissa ho gaya hoon main
sabkuchh se kuchh, kuchh se koi ho gaya hoon main**

I have become part of the passing crowd
from being everything to somebody, and from
somebody to a stranger I have become

**humsaaya hua karte the ham un dino 'ashq'
aaj kata hum se tanha saaya reh gaya hoon main**

we used to be shadow of each other 'ashq'
today separated from the body, I am a shadow left alone

**teri marzi ke bagair, patta bhi nahi hiltaa yahaan
phir koi kaise, kisi pe zulm karta hai yahaan**

without your will, not even a leaf moves here
then how can anyone oppress anyone here

**nahi girte hain aansoon tere inke haalaat pe agar
kyon dhong khuda hone ka tu karta hain yahan**

if your tears don't fall on their condition
why do you pretend to be God here

गुज़रती होई भीड़ का हिस्सा हो गया हूँ मैं
सबकुछ से कुछ, कुछ से कोई हो गया हूँ मैं

हमसाया हुआ करते थे हम उन दिनों 'अश्क'
आज कटा हम से, तन्हा साया रह गया हूँ मैं

तेरी मर्ज़ी के बैगर, पत्ता भी नहीं हिलता यहाँ
फिर कोई कैसे, किसी पे ज़ुल्म करता है यहाँ

नहीं गिरते हैं आंसू तेरे इनके हालात पे गर
क्यों ढोंग खुदा होने का तू करता हैं यहाँ

khaayi hain dhokre bahut manzil tak pahunchane main
pahunche toh paayi hai ret, vo bhi sarakati hui

i have faced many stumbles in reaching my destination
when i reached there i found sand, that too slipping away

chalenge jo duniya-e-dastoor se vo kya khaak jiyenge
chhodenge nishaan hum apne, log duniya ke jinpe chalenge

living by the customs of the world is not worth living
we will leave our footprints which the people of the world will follow

dekhe the kuchh sapne jo chhute the oonchaaiyuon ko
jo dekha aaina toh has pade

had seen some dreams which touched the heights
when i saw in the mirror, i laughed

खायी हैं ठोकरे बहुत मंज़िल तक पहुंचने में
पहुंचे तो पायी है रेत, वो भी सरकती हुई

चलेंगे जो दुनिया-ऐ-दस्तूर से वो क्या ख़ाक जियेंगे
छोड़ेंगे निशां हम अपने, लोग दुनिया के जिनपे चलेंगे

देखे थे कुछ सपने जो छूते थे ऊचाइंयों को
जो देखा आइना तो, हँस पड़े

**jo kiya na kabhi teri yaad mein
hum vo kiye jaate hain
pehle ginti thi deewaano mein
ab paagalon mein shumaar kiye jaate hain**

which was never done in your memory
I am doing that
earlier I was counted among the lovers
now I am counted among the mad

**ab toh khiza ne bhi chhod di umeed bahar ki
phir bhi aakhen talaashti hain surat mere yaar ki**

even the autumn has given up hope of spring
still, my eyes searches for my beloved's face

**aagaaz-e-ishq maaloom hai sabhi ko, anjaam kisi ko nahi
pata hota hai jab ishq hota hai, uske baat pata kuchh nahi**

everyone knows the beginning of love, no one knows the end
you know when you are in love, after that you don't know anything

**jo palte safe zindagi ke, to ek awaaz aayi
bewafaai, tanhaai, ruswaai, sab tere hi naseeb aayi**

when pages of my life were turned, a voice echoed
unfaithfulness, loneliness, shame, all came to your fate

जो किया न कभी तेरी याद में, हम वो किये जाते हैं
पहले गिनती थी दीवानों में, अब पागलों में शुमार किये जाते हैं

अब तो खिज़ा ने भी छोड़ दी उम्मीद बहार की
फिर भी आँखे तलाशती हैं, सूरत मेरे यार की

आगाज़-ऐ-इशक मालूम हैं सभी को, अंजाम किसी को नहीं
पता होता हैं जब इशक होता है, उसके बाद पता कुछ नहीं

जो पलटे सफ़े ज़िन्दगी के, तो एक ही आवाज़ आयी
बेवफाई, तन्हाई, रुस्वाई, सब तेरे ही नसीब आयी

naakaamiyon se paalaa pada itna ki umeed bhi naa rahi
jalaaya to tha chiraag, par roshni usme bhi naa rahi

i was so devastated by failures that no hope was left
i lit the lamp, but no light remains in it either

maana ishq hai badnaam to inaayat husn ki
but bhi ek patthar, jo ibaadat na ki

i agree, love is infamous owing to the courtesy of beauty
but an idol is just a stone, if it is not worshipped

rehta hai dil udaas ye samajhata nahi hai
chot khaana hai naseeb tera, ye badlata nahi hai

the heart remains sad and it does not understand
getting hurt is its destiny, it doesn't change

tanhaai ka ye aalam hai ki ab khud se bhi baat nahi hoti
gham ke chhaaye andhere aise ki parchhai se bhi
mulaakat nahi hoti

state of loneliness is such that now i don't even talk to myself
surrounded by darkness of sorrow such that i don't even meet
my shadow

नाकामियों से पाला पड़ा इतना कि उम्मीद भी ना रही
जलाया तो था चिराग, पर रौशनी उसमे भी ना रही

माना इश्क़ है बदनाम तो इनायत हुस्न की
बुत भी है एक पत्थर, जो इबादत न की

रहता है दिल उदास ये समझता नहीं है
चोट खाना है नसीब तेरा, ये बदलता नहीं है

तन्हाई का ये आलम हैं कि अब खुद से भी बात नहीं होती
ग़म के छाए अँधेरे ऐसे कि परछाई से भी मुलाकात नहीं होती

samjhaana ishq ko hai kuchh is kadar mushqil
bataana hai mizaaj-e-zehar, vo bhi chakhane ke baad

it is so difficult to explain love
you have to tell the temperament of poison, after tasting it

charaag jo jalaaya maine teergi se ladne ko
roshni usi ki ab meri aakh mein chubhati hai

i lit the lamp to fight the darkness
light of the same pierces my eyes

khushboo uski is kadar bas gayi hai mujhme
yaadein ghar ki bas gayeen ho dewaaron main jaise

her fragrance has settled in me in such a way
like memories of a home reside in its walls

haathon me mere mujhe vo lakeer nahi milti
jode tujhko mujhse vo taqdeer nahi milti

I don't find that line in my hand
which connects you to me, i don't find that fate

समझाना इश्क को हैं कुछ इस कदर मुश्किल
बताना हैं मिज़ाज -ऐ-ज़हर, वो भी चखने के बाद

चराग जो जलाया मैंने तीरगी से लड़ने को
रौशनी उसीकी अब मेरी आँख में चुभती हैं

खुशबू उसकी इस कदर बस गयीं हैं मुझमें
यादें घर की बस गयीं हो दीवारों में जैसे

हाथों में मेरे, मुझेवो लकीर नहीं मिलती
जोड़े तुझको मुझसे, वो तकदीर नहीं मिलती

**apno se na mili wafa, umeed gairon se kyon rakhen
bemaani rishton ki is duniya mein, chalo kuchh rishtey
benaam rakhen**

i don't get loyalty from people close to me
why expect it from strangers
in this world of hollow relations, let's keep some relationships nameless

**kuchh bhi kaho yaar naam mein rakha hai kya
ishq kaho 'ashq' kaho farq padta hai kya**

say anything, friend, what's there in the name
call it love, call it 'ashq', it doesn't matter

**na chhedo zakhme jigar tum, ye phir surkh ho jaayenge
thaama hai badi mushkil se jinhe, vo sailaab phir umad
aayenge**

don't tease wounds of my heart, they will become sore again
had held them with great difficulty, those floods will surge again

**maut ke saaye mein zindagi karvaten leti hai
shab kitni bhi gehri ho, sahar ho ke rehti hai**

life turns over under the shadow of death
no matter how gloomy the night is, dawn does happpen

अपनों से न मिली वफ़ा, उम्मीद गैरों से क्यों रखें
बेमानी रिश्तों की इस दुनियां में, चलो कुछ रिश्ते बेनाम रखें

कुछ भी कहो यार नाम में रखा हैं क्या
इश्क कहो, 'अश्क' कहो फ़र्क़ पड़ता हैं क्या

न छेड़ो ज़ख्मे जिगर तुम, ये फिर सुर्ख हो जायेंगे
थमा है बड़ी मुश्किल से जिन्हे, वो सैलाब फिर उमड़ आएंगे

मौत के साये में ज़िन्दगी करवटें लेती है
शब कितनी भी गहरी हो, सहर हो के रहती है

rote rote kehte hain sapne mere
kyon haqeeqat ka aaina hai saamne mere

my dreams say while crying
why the mirror of reality is in front of me

nahi karni numaaish, apne zakhmon ki mujhe
husn ke nishaaan ko nazron se bachaana zaroori hai

I don't want to show off my wounds
It is important to protect the marks of beauty from sight

nahi rakh sakta koi aur cheez teri main apne saath
teri yaadein he bahut hain mujhe ek umr rulaane ke liye

I can't keep anything else of yours with me
there are enough memories of you to make me cry for a lifetime

zindagi apnea ap mein kuchh is kadar ulajh gayi hai
mano kati patang ki lehrati dor khud mein ulajh gayi hai

life has become so complicated in itself
as if the waving string of a cut kite has entangled in itself

रोते-रोते कहते हैं सपने मेरे
क्यों हक़ीक़त का आइना है सामने मेरे

नहीं करनी नुमाइश, अपने ज़ख्मों कि मुझे
हुस्न के निशाँ को नज़रों से बचाना ज़रूरी है

नहीं रख सकता कोई और चीज़ तेरी, मैं अपने साथ
तेरी यादें ही बहुत हैं, मुझे एक उम्र रुलाने के लिए

ज़िंदगी अपने आप में कुछ इस कदर उलझ गयी है
मानो कटी पतंग की लहराती डोर ख़ुद में उलझ गयी है

mujhe khabar na thi aane ki, jaane ka pata kya hoga
yeh waqt ka chalata pahiya hai, rukne ka pata kya hoga

i had no idea of arrival, how would i know of departure
this is the moving wheel of time, who knows when it would stop

kaun kisko kahaan milta hai is lakeeren sehra main
ek raah nikali hai aaj, talaashe manzil ki or

who meets whom, where in these lines of desert
a way has emerged today in search of its destination

na poochho tarkeeb -e-dushvaari, ki masala
hal na ho payega
sach tumko gavaara na hoga, jhooth hamse bola na jaayega

don't ask the solution of the problem, the issue will not be resolved
truth will not be acceptable to you; i will not be able to tell lies

zehan mein nahi ise dil mein utarne deejiye
alfaaz-e-ashq hai ye, ise rooh chhoone deejiye

not in the head, let it sink in your heart
there are words of tears, let it touch your soul

मुझे ख़बर ना थी आने की, जाने का पता क्या होगा
ये वक़्त का चलता पहिया है, रूकने का पता क्या होगा

कौन किसको कहाँ मिलता है इस लकीरे सेहरा में
एक राह निकली है आज तलाशे मंज़िल की ओर

ना पूछो तरकीब-ए-दुश्वारी, कि मसला हल न हो पायेगा
सच तुमको गवारा ना होगा, झूठ हमसे बोला ना जाएगा

ज़हन में नहीं, इसे दिल में उतरने दीजिये
अल्फ़ाज़ ए 'अश्क' है ये, इसे रूह छूने दीजिये

तरकीब-ए-दुश्वारी   trick to resolve the problem   समस्या को हल करने की युक्ति

meri khaamoshi ko meri majboori naa samajh
andaaz-e-bayaan hai ye jo tu sun sake

don't take my silence as my helplessness
this is a way of speaking, if you can hear it

nahi ho jaata har koi virah mein devdaas
kuchh ghaalib bhi ban jaatein hain hijr-e-yaar mein

no everyone becomes Devdaas in parting of a lover
some evolve into Ghaalib as well in sepration from beloved

kiski nazar lagi mere aashiyaane ko
barbaadiyon ko mera hi ghar mila aazmaane ko

who has casted an evil eye at my abode
havoc has got only my home to practice

dekhen hain aakhon se kuchh khwaab par dar lagta hai
shab guzari hai abhi, kya savera ruk sakta hai

I've seen some dreams, but I'm scared
night has just passed, can morning wait

मेरी खामोशी को मेरी मजबूरी न समझ
अन्दाज़े बयाँ है ये, जो तुम सुन सको

नहीं हो जाता हर कोई विरह में देवदास
कुछ ग़ालिब भी बन जाते हैं हिज़्र-ए-यार में

किसकी नज़र लगी मेरे आशियाने को
बर्बादियों को मेरा ही घर मिला आज़माने को

देखें हैं आँखों ने कुछ ख्वाब, पर डर लगता है
शब गुज़री है अभी, क्या सवेरा रुक सकता है

विरह   Separation   जुदाई

waqt tumne liya bahut ise banaane mein
rahi phir bhi kasar, insaan ise banaane mein

you have taken a lot of time to create this
it still short of to be considered as human

ehsaas lafzon ka mohtaaj nahi hota
karo dil se ise mahsoos, ye zahan ka talabdaar nahi hota

feelings don't need words
perceive it with your heart, it doesn't need mind

nahi sukoon kahin hai, ab yahaan
saans lena bhi hai mushkil, ab yahaan

there is no peace here now
it's difficult to breath here now

vo sursura ke jo chai peete hain
maano zindagi ka lutf chuskiyon main lete hain

he who drinks tea while slurping
it seems as if he enjoys life in every sip

वक़्त तुमने है लिया, बहुत इसे बनाने में
रही फिर भी कसर, इंसां इसे बनाने में

एहसास लफ़्ज़ों का मोहताज नहीं होता
करो दिल से महसूस इसे, ये ज़हन का तलबदार नहीं होता

नहीं सुकून कहीं हैं, अब यहां
सांस लेना भी है मुश्किल, अब यहां

वो सुरसुरा के जो चाय पीते हैं
मानो ज़िन्दगी का लुत्फ चुस्कियों में लेते हैं

badsalooki, badmizaaj mera andaaz nahi
har dhun pe jo baj jaaye main vo saaz nahi
aate hain log dar pe milaane teri haan mein haan
tere ishaare pe jo syaah ho jaaye main vo alfaaz nahi

misbehaving and misconducting are not my style
I'm not an instrument that plays on every tune
people come at your doorstep for sycophancy
I am not the word that inked at your signal

nahi khwaaish mujhe jeene ki aur
ki ab jam-e-wafaat main peeta hoon
mumkin hai tu aa jaaye dar pe meri
ye soch zara ruk-ruk ke ise main peeta hoon

I have no desire to live any longer
now i drink a cup of poison
it is possible that you come at my door
thinking this, I drink it intermittently

बदसलूकी, बदमिज़ाजी, मेरा अंदाज़ नहीं
हर धुन पे जो बज जाए, मैं वो साज़ नहीं
आते हैं लोग दर पे मिलाने तेरी हाँ में हाँ
तेरे इशारे पे जो स्याह हो जाये, मैं वो अल्फ़ाज़ नहीं

नहीं खवाइश मुझे जीने की और
कि अब जाम-ऐ-वफ़ात मैं पीता हूँ
मुमकिन हैं तू आ जाए दर पे मेरी
ये सोच ज़रा रुक -रुक के इसे मैं पीता हूँ

जाम-ऐ-वफ़ात   peg or cup of poison or death   मौत का प्याला

hawaa ka jhonka kuchh keh gaya hai
abhi tumhaara pataa mila hai
gum the kahiin afsaanon mein tum
abhi tumhaara nishaan mila hai

gush of wind has whispered something, just got know your address
you have been lost in legends, just got your sign

naa khabar thi ki tum aise ho jaaoge
itne bade ho kar, youn chhote reh jaaoge

I've got no idea that you will become like that
while you become big, you will still remain small

nahi raha zindagi me tujhe kuchh dene ke liye
jo lamhe bache the, tere naam kar diye

nothing is left with me to give you, whatever moments left with
me, I've named those as well to you

zaroori nahi ki har baat tum bataao mujhe
teri naa kahi baatein bhi sunani aati aati hain mujhe

It's not necessary that you tell everything to me
I listen to your unsaid talks as well

हवा का झोंका कुछ कह गया है, अभी तुम्हारा पता मिला है
गुम थे कहीं अफसानों में तुम, अभी तुम्हारा निशान मिला है

ना ख़बर थी कि तुम ऐसे हो जाओगे
इतने बड़े हो कर, यूं छोटे रह जाओगे

नहीं रहा ज़िंदगी में तुझे कुछ देने को
जो लम्हे बचे थे, तेरे नाम कर दिए

ज़रूरी नहीं कि हर बात तुम बताओ मुझे
तेरी ना कही बातें भी, सुननी आती हैं मुझे

kaun kiskon kahaaan rok paaya hai
waqt ke peeste paaton se kaun bach paaya hai
tum samjhaate ho tahzeebe duniyaadari hame
samundar ki mauj ka kya saahil bandh paaya hai

no one is able to stop anybody anywhere anytime
the grinding wheel of time has spared no one
you're trying to make me understand the way of the world
have you ever seen that tides are arrested by shores

tum de do hame aasra, hum wahin reh jaayenge
bada sukoon hai, teri palkon ki chhaaon mein so jaayenge

you give me shelter, I'll live there; serenity is under the shades of
your eyelids, I'll sleep there

kab se chhoota hai dar tera mujhko khabar nahi
jo raha tera saath, hum phir ghar laut aayenge

I don't know since when I left your home
if you help me, I'll return to the home

कौन किसको कहाँ कब रोक पाया है
वक्त के पीसते पाटों से कौन बच पाया है
तुम समझाते हो तहजीबे दुनियादारी हमें
समुंदर की मौज को क्या साहिल बांध पाया है

तुम दे दो हमे आसरा, हम वहीं रह जाएंगे
बड़ा सुकूँ है, तेरी पलकों की छांव में सो जाएंगे
कब से छूटा है दर तेरा मुझको ख़बर नहीं
जो रहा तेरा साथ, हम फिर घर लौट आयेंगे

kaam zindagi ke aasaan kar diye
band mutthi ke maine gaanth khol diye

I've made the complexities of life much easier
by untying the knots of clinched fist

wo khalish hi kya jo alfaazon mein bayaan ho jaaye
ek umr nikal jaati hai, dil ke tukde sametne mein

pricking pain is such that it can't be expressed in words
a lifetime goes away in collecting shattered pieced of heart

sab ke bas ki baat nahi aap saa kaabil hona
ghazab ki khudgarzi chaahiye, zameer-faroshi ke liye

It's not possible for everyone to be as skilled as you are
it takes tremendous amount of selfishness to sell one's soul

wo shafaq aaftaab ki choomti tere badan ko
mano ungaliyaan meri fer rahi tere badan ko

the ray of sun was kissing your body
like my fingers caressing your body

काम जिंदगी के आसान कर दिए
बंद मुट्ठी के मैंने गांठ खोल दिए

वो खलिश ही क्या, जो अल्फाजों में बयां हो जाए
एक उम्र निकल जाती है, दिल के टुकड़े समेटने में

सब के बस की बात नहीं है, आप सा काबिल होना
ग़ज़ब की खुदगर्ज़ी चाहिए, ज़मीर-फ़रोशी के लिए

वो शफ़क़ आफताब की चूमती तेरे बदन को
मानो उंगलियां मेरी फेर रही तेरे बदन को

**hum jaante hain tere dil ki baat
teri khaamoshi ko sunana seekh liya maine**

I got to know what's in your heart
I have learnt to listen your silence

**ada hai aadaab mein kuchh youn ki mureed ho jaoge
hum sar jhuka lete hain sajde mein khuda ke saamne**

you will become an admirer to the style with which I greet
I bend my head in prayer in front of God

**itna aasaan nahi hai samjhana, bada waqt lagta hai
aakhon se lab tak aane me, 'ashq' ko waqt lagta hai**

It's not so easy to comprehend, it takes lengthy amount of time
tears take extended time travelling from eyes to lips

**nazar nazar ki baat hai, mere ishaare nazar tum samajh lena
nazar uthaaun to subh, jo jhukaaun main, to raat samajh lena**

It's the dialogue between the eyes, you understand my eye-signals
when I lift my eyelids, it means morning, and when I drop those
it means evening

हम जान लेते हैं तेरी दिल की बात
तेरी खामोशी को सुनना सीख लिया मैंने

अदा है आदाब में कुछ यों की मुरीद हो जाओगे
हम सर झुका लेते हैं सज्दे में खुदा के सामने

इतना आँसा नहीं है समझना, बड़ा वक्त लगता है
आंखों से लब तक आने में, अश्क को वक्त लगता है

नज़र नज़र की बात है, मेरे इशारे नज़र तुम समझ लेना
नज़र उठाऊं तो सुबह, जो झुकाऊ मैं तो रात समझ लेना

karam hai uska sar pe mere, aisa lagta hai
haath pakad rakha hai 'ashq' ka aisa lagta hai

it feels He has blessed me
it feels as if He is holding my (ashq) hands

ehsaas bikhar jaate hain alfaaz ban ke yuon
mano kalam usne pakada ho, aisa lagta hai

feelings are spread and takes form of words
it feels as if He is holding the pen

sookha darakht bazme gul mein kuchh yuon bhar gaya
mano har tanha panchhi ka apna ghar ho gaya

that withered tree, in the garden of flowers, is filled, as if, it has
become home to every lonely bird

shaamo sahar guftagoon ki, tujhse tanhaai mein
mera dil, dil naa raha, tera ghar ho gaya

night and day I had talks with you in my loneliness
my heart is no more mine, but has become you dwelling place

करम है उसका सर पे मेरे, ऐसा लगता है
हाथ पकड़ रखा है 'अश्क' का, ऐसा लगता है
एहसास बिखर जाते हैं अल्फाज़ बन के यूं
मानो कलम उसने पकड़ा हो, ऐसा लगता है

सूखा दरख़्त बज़्मे गुल में कुछ यों भर गया
मानो हर तन्हा पंछी का अपना घर हो गया
शामो सहर गुफ्तगू की, तुझसे तनहाई में
मेरा दिल, दिल ना रहा, तेरा घर हो गया

maksad meri zindagi ka aaj pura ho gaya
jo mujhe dekh, teri hansi ka paimaana pura ho gaya

the goal of my life is fulfilled today
by seeing your beaming smile which appeared when you saw me

thi khwaaish usase milne ki har janm mujhko 'ashq'
tujhse mil ke, wo safar bhi aakhri aaj pura ho gaya

it was my wish in all my lives to meet you
now after meeting you that last journey is also completed

main aa jaoon sabko pasand ye ho nahi sakta
main aasmaan saan, band ho jaaaon mutthi mein
ye ho nahi sakta

It's not possible that I am liked by all, I'm like sky
it's not possible to confine me in clutches

unk hai khush-fahmi, ki hoon main unke ikhtiyaar mein
itni si baat pe, todoon main dil unka, ye ho nahi sakta

they are under false impression that I'm in their control
it is not possible for me to break their heart over such trivial matter

मकसद मेरी ज़िंदगी का आज पूरा हो गया
जो मुझे देख, तेरी हंसी का पैमाना पूरा हो गया

थी ख्वाइश उससे मिलने की हर जन्म मुझको 'अश्क'
तुझसे मिल के,वो सफर भी आखरी आज पूरा हो गया

मैं आ जाऊं सबको पसंद ये हो नहीं सकता
मैं आसमाँ साँ, बंद हो जाऊं मुट्ठी में, ये हो नहीं सकता

उनको है ख़ुश-फ़हमी, की मैं हूं उनके इख़्तियार में
इतनी सी बात पे, तोड़ूं मैं दिल उनका, ये हो नहीं सकता

इख़्तियार   authority, control   अधिकार, नियंत्रण, काबू

parda nashin ko kabhi be-parda nahi karte
khud ke taraashe khuda ko bazaar mein nahi rakhte

who is veiled should not be unveiled, god carved by oneself
should not be kept in market

rehne do mujhe zameeen pe
aasmaan mein udne ka shauk nahi
juda hua zameen ka zarra sahi
beghar baadal hone ka shauk nahi

let me be at ground, I've no desire to fly in the sky
I'm a grain linked to the ground
I've no desire to be a homeless cloud

mujhe kyon shikaayat ho zakhm-e-sang ki tujhse
hum hi banaa baithe hain makaan, patharon ke shehar mein

why I should complaint about wounds of pelting stones to you
it's me who has built house in city of rocks

tha khaana kam ghar mein har ek pet ke liye
maan ne daal me apni thoda paani mila liya

there was little food at home for every stomach, mother has
added some water in her pulses

पर्दा-नशीं को कभी बेपर्दा नहीं करते
खुद के तराशे खुदा को बाजार में नहीं रखते

रहने दो मुझे ज़मीं पे, आसमां में उड़ने का शौक नहीं
जुड़ा हुआ ज़मीं का ज़र्रा सही, बेघर बादल होने का शौक नहीं

मुझे क्यों शिकायत हो ज़ख्म ए संग की तुझसे
हम ही बना बैठें हैं मकान पत्थरों के शहर में

था खाना कम घर में हर एक पेट के लिए
मां ने दाल में अपनी थोड़ा पानी मिला लिया

zamaane ki nazar badi tez hoti hai
yaar jo mile yaar se, to inhe badi jalan hoti hai

the society keeps very sharp watch
they feel envious whenever lovers meet

unke pehloon mein jo hum so jaayen, rakh ke sar
ab aisi sukoon bhari neend, kahan mayassar hoti hai

wish I keep my head next to her and sleep
now where is such comforting sleep available

sookhi zameen ko ek baarish ki aas hai
tanha darre ko, kisi dariye ki talaash hai

dry land hopes for a rain
a lone canyon is in search of a stream

pathar si ho gayin hai nigaahein teri intezaar mein
lagta hai tujhe ek 'ashq' ki pyaas hai

your eyes has turned stone while waiting
it appears you are in thirst of a tear

ज़माने की नज़र बड़ी तेज़ होती है
यार जो मिले यार से, तो इन्हें बड़ी जलन होती है

उनके पहलू में जो हम सो जाए, रख के सर
अब ऐसी सुकून भरी नींद, कहां मयस्सर होती है

सूखी जमीन को एक बारिश की आस है
तन्हा दर्रे को किसी दरिए की तलाश है

पत्थर सी हो गईं है निगाहें तेरी इंतज़ार में
लगता है तुझे एक 'अश्क' की प्यास है

मयस्सर   *available*   मिलना, प्राप्त होना

tumne to marham bhi naa diya aur muh pher liya
tumse achche to wo the jo khanjar maarne kareeb toh aaye

you have not given the ointment and
turned away from me
people who stabbed me are better than you
even for stabbing, at least they came close to me

dhadkan hui tez, aur phir dil ka chain bhi gaya
jhuka li usne jo palakein, ek nazar dekh ke mujhe

My heart starts pounding rapidly, and
then I lost composure of my heart
when she drops her eyelids quickly
after taking a glance at me

youn munsif ban ke na faisla sunaaya jaaye
duniya ko chashm-e-mulaazim bhi dekha jaaye

don't be focused on passing a judgment like a judge
should see the world from the lens of the accused as well

sirf ghar ki dehleez par hi nahi
kuchh diye ghar ke bheetar bhi jalaayen jaaye

not only at the entrance of the home
some lamps should be lit inside the home as well

तुमने तो मरहम भी ना दिया और मुंह फेर लिया
तुमसे अच्छे तो वो थे जो खंजर मारने करीब तो आए

धड़कने हुईं तेज़, और फिर दिल का चैन भी गया
झुका ली उसने जो पलके, एक नजर देख कर मुझे

यूं मुंसिफ बन के ना फैसला सुनाया जाए
दुनियाँ को चश्म-ए-मुलाज़िम भी देखा जाए

सिर्फ घर की दहलीज़ पर ही नहीं
कुछ दिये घर के भीतर भी जलाएं जाए

lafzon mein batlaaya nahi, ise mehssos kiya jaata hai
ehsaas-e-'ashq' hai ye, ise bas bahne diya jaata hai

It can't be expressed in words, can only be felt
these are the feelings of tears, it should let be flowed

nahi rakhne hain mujhe gham apne tere aage 'ashq'
zakhm toone bhi diye hain, khanjar tera bhi tha unme shaamil

I don't want to show my pain to you 'ashq'
you also gave me wounds
your knife was also present amongst that of those

samjhaaya nahi sirf mehssos kiya jaa sakta hai ise
wo muh pe maan kaa aanchal, wo haath pochhna dupatte se

can't be made understand, can only be sensed; that stole of
mother on the face, that wiping wet hands with mother's scarf

kisi kitaab ki jild si hai zindgaani meri-tumhari
ek sira juda, toh dooja judaa, na hui mukkamal kahani hamari

our life is like a book cover, where one end is together while the
other is parted; our story remains incomplete

लफ़्ज़ों में बतलाया नहीं इसे महसूस किया जाता है
एहसास ए 'अश्क' है ये, इसे बस बहने दिया जाता है

नहीं रखने हैं मुझे ग़म अपने तेरे आगे 'अश्क'
जख़्म तूने भी दिए हैं, खंजर तेरा भी था उनमें शामिल

समझाया नही सिर्फ महसूस किया जा सकता है इसे
वो मुंह पे माँ का आंचल, वो हाथ पोछना दुपट्टे से

किसी क़िताब की जिल्द सी है ज़िंदगानी मेरी- तुम्हारी
एक सिरा जुड़ा, तो दूजा जुदा, न हुई मुक्कमल कहानी हमारी

ehsaas mere hone ka toone aaj mujjhko kara diya
chalti firti laash ko ek baar, phir jila diya

you have made me realized that I'm alive
you have infused life in a walking corpse

dil dhadkne laga hai phir se jawaani ke dino saa
ishq tune soye hue armaanon ko, phir jaga diya

my heart has started pounding like the days of my youth, oh love!
you have rekindled the dormant desires

soch ko apni maine lafzon mein piroya hai
dil-e-ehssas ko nazaron se chalkaaya hai

I've threaded my thoughts into a string of words, expressed the
feelings of heart through my eyes

awaaz mein utaara hai dard-e-duniya ko, is tarah
ishq ki har ek boond se maine ashk ko banaaya hai

I've imbibed the pain of the world which in my voice, like this
with every drop of love, I've created myself (ashq)

एहसास मेरे होने का तूने आज मुझको करा दिया
चलती फिरती लाश को एक बार फिर जिला दिया

दिल धड़कने लगा है फिर से जवानी के दिनों सा
इश्क तूने सोए अरमानों को फिर से जगा दिया

सोच को अपनी मैंने लफ्ज़ों में पिरोया है
दिल ए एहसास को नजरों से झलकाया है

आवाज़ में उतारा है दर्द ए दुनिया को, इस तरह
इश्क की हर एक बूंद से मैंने 'अश्क' को बनाया है

जिला   bring back to life   फिर से जीवित करना

ab is mukaam pe kuchh sunaate nahi bantaa
ishq-e-bekhudi ka aisa aalam hai, kuchh bataate nahi banta

at this juncture, it is difficult to say anything
state of senselessness of love is like that nothing can be told

dhadkta hai dil shaam-o-sahar 'ashq' magar
uske alaava koi aur naam mujhe sunaai nahi deta

my heart beats from morning to evening, but 'ashq'
no other name is heard except that one

bhool jaate hai gham ko kuchh der ke liye
pehan lete hain nakaab-e-khushi kuchh der ke liye

I forget all my griefs for a moment, and
wear the mask of happiness for a moment

nahi khwaish mujhe jeene ki ab aur 'ashq'
phir tujhe dekh saans le lete hain, kuchh der ke liye

I don't desire to live anymore
then after seeing you, I breathe for a moment

अब इस मुकाम पे कुछ सुनाते नहीं बनता
बेख़ुदी-ए-इश्क़ का ऐसा आलम है कुछ बताते नहीं बनता

धड़कता है दिल शामो सहर, 'अश्क' मगर
उस के सिवा कोई और नाम सुनाई नहीं देता

भूल जाते हैं ग़म को कुछ देर के लिए
पहन लेते हैं नकाबे खुशी कुछ देर के लिए

नहीं ख्वाइश मुझे जीने की अब और 'अश्क'
फिर तुझे देख सांस ले लेते हैं, कुछ देर के लिए

बेख़ुदी-ए-इश्क़   the state of being   प्रेम में अपने स्व से
beside one's self in love   परे चले जाना

aakhen ho gayin hai pathar si, ki hoti nahi ab ye nam
sookh gaye hain 'ashq' saare, aur katre khoon ke bache
hain kum

the eyes have turned stone, they don't get wet anymore
all my tears have dried up and blood drops have remained less now

khush kismat ho ki guftagoo ho jaati hai unse tumhaari
hum toh aaj bhi afsaane sunate rehte hain deewaron ko

lucky you are that you can converse with her
I still recite stories to the wall

gham-e-zindagi tune koi kasar hone naa di
dard diye to diye, yaadon ki kami hone naa di

oh life of grief, you have arranged that there will not be any
absence of agony
let alone the pain you have conferred
you ensured that there will not be any shortage of memories

kis kis ko roye, ki skis ka maatam karein hum
ghutati hui zindagi mein, kyan hisaab season ka karein hum

for how many should I cry, for how many I should mourn
now in this receding life, why should I keep a count of breathings

आंखें हो गईं है पत्थर सी, कि होती नहीं है अब ये नम
सूख गए हैं 'अश्क' सारे, और कतरे खूं के बचे हैं कम

ख़ुश क़िस्मत हो कि गुफ़्तगू हो जाती है उनसे तुम्हारी
हम तो आज भी अफसाने सुनाते रहते है दीवारों को

ग़म- ऐ- ज़िन्दगी तूने कोई कसर होने ना दी
दर्द दिए तो दिए, यादों कि कमी होने ना दी

किस किस को रोए, किस किस का मातम करें हम
घुटती हुई ज़िन्दगी में, क्या हिसाब साँसों का करें हम